# メディア支配

## その歴史と構造

Ⅰ―戦後メディアの再編成とは
Ⅱ―新聞とテレビの系列一本化
Ⅲ―裏切られた公共ライブラリーと独立行政委員会構想
Ⅳ―政権のメディア支配に抗して

control the media

松田浩
matsuda hiroshi

新日本出版社

〈目次〉

# プロローグ

日本共産党の機関紙「しんぶん赤旗」が、二〇二〇年一〇月二二日付の一面トップに、「官邸のTV監視ここまで」「出演者発言・ナレーション・見出し…詳細に」との見出しで、政府（内閣広報室）のマスコミ対策の実態をスクープした。

「赤旗」報道によれば、情報開示請求で入手したのは、「報道番組の概要」と「新型コロナウイルス関連報道振り」で、今年三月前半分のA４七〇〇枚に及ぶ文書。特定の番組のキャスターやコメンテーター、アナウンサーの発言も含め、詳しく記録されているという。こういうことをされていることがわかれば、出演者は政権から常に監視されているという圧力を感じるのではないだろうか。

「政府のマスコミ対策とジャーナリズム」について、筆者は新聞記者になって半世紀以上この問題を追究してきた。雑誌『放送批評』でも何度か書いたことがあるが、その頃に比べても今のやり方は異常だと言わざるを得ない。

今の日本のマスメディアの力ではこれを突破して権力を監視することを、また、権力のバリアを越えて権力の隠したいことを明るみに出すことも難しいのではないか。そういう懸念を抱かざるを得ない。

今一つ気になる事がある。二〇一六年に国連人権委員会のデービッド・ケイ教授が来日して、日本のメディアの自由度について懸念を表明したことがある。国際ジャーナリスト団体でパリに本部を置く「国境なき記者団」が公表した世界一八〇の国と地域を対象にした「世界報道自由度ランキング」で、日本の自由度は公表当初二六位（二〇〇二年）から二〇一〇年（安倍政権下）に六六位に下がっている。私を含めて日本の国民はせいぜい二〇位か三〇位と思っていたのではないだろうか。それが現実は六六位、「懸念すべき問題」がある状況ということだ。この差は恐ろしい。

日本国民にはマスメディアの深刻な現実が見えていなかったことになる。それは何を意味するかと言えば、政府のマスコミ（世論）操作がそれだけ効果をあげている事を意味しないだろうか。今何より急務なのは、この日本の現実を国民一人ひとりが見極めること、そしてなぜこういう事態になったかを歴史に学ぶこと、この二点ではないだろうか。

本書がその一助になれば幸いである。

# Ⅰ　戦後メディアの再編成とは

## 1　メディアの再編成――全国紙を頂点としたピラミッド型

### ■UHFテレビ局大量免許とマスコミ対策

戦後メディアの歴史の中で最大の出来事は、全国五大紙を頂点に、ピラミッド型の独占集中構造のテレビネットワークを整備したメディアの再編成であった。

UHFテレビ局の大量免許（一九六七年）は、テレビに再編成をもたらすと同時にネットワークの性格を変え、テレビ多局化時代に道を開いた。その最大の特徴は、放送界の根本秩序にかかわる行政措置が郵政大臣の専権と恣意により、権力のマスコミ対策をからめておこなわれた点にあった。

それは五大全国紙資本に「テレビ免許」という特別な〝便宜〟を与えることでメディアを体制内に取り込もうとする政府・自民党の思惑（「田中構想」）と、激烈化する販売・広告競争を背景にテレビとの〝一体経営〟戦略をめざして政府・自民党への裏工作に奔走する五大全国紙資本の

〝持ちつ持たれつ〟のいわば政治的取引（「共犯関係」）を通じて実現した。そして、こうして実現した五大全国紙と五大民放テレビ・ネットワークを資本で結ぶ巨大なマスメディアの中央集権型独占構造（いわゆるクロス・オーナーズシップ）は、情報・言論の多元性多様性の確保という放送法の「集中排除原則」を空文化し、ジャーナリズム本来の権力監視機能をいちじるしく低下させる結果をもたらすことになる。まさに次節で紹介する世論操作機関「日本広報センター」の登場とともに、「弾圧」から「操作」への時代の流れを象徴する出来事であった。

※　　※

マスメディアの歴史のなかで、一九六〇年代後半から七〇年代前半にかけては、大きな転換点をなしている。それは、

（1）ベトナム戦争・日韓会談・七〇年安保などを背景としたテレビへの空前規模のあからさまな政治介入

（2）UHFテレビの大量免許によるテレビの多局化と再編成

（3）五大全国紙（朝日、読売、毎日、日経、産経）とテレビ・キー局（テレビ朝日、日本テレビ、TBS、テレビ東京、フジテレビ）の資本系列一本化

この三つの流れが、政府、財界のマスコミ対策や新聞資本のテレビ経営戦略と深くからみあって展開するなかで、新聞・テレビの「情報産業」化とジャーナリズムの変質が急速に進んだ。マスメディアは総体として、権力の操作のメカニズムに組み込まれていくことになるのである。

この過程で見落とせないのは、一九五二年の電波監理委員会の廃止以来、郵政大臣の手中に握られた放送行政に関する巨大な権限が、政府のマスコミ対策に大きな役割を果たした事実である。それは、ただテレビに対する威嚇《いかく》や牽制《けんせい》の「切り札」（再免許拒否）に使われただけにとどまらなかった。法改正による規制強化の脅し、免許その他を通じての利益誘導、親権力のテレビ系列の育成、世論操作とメディアへの〝踏み絵〟を兼ねた「日本広報センター」の設立など、〝アメとムチ〟を使いわけて組織的、かつ系統的に進められた。

一九六〇～七〇年代の政府・自民党のマスコミ対策は、田中角栄（蔵相、幹事長、通産相を経て首相）と橋本登美三郎（自民党広報委員長、官房長官、総務会長、党幹事長）を中心とする、いわゆる田中・橋本ラインを軸に推進された。それは初期の単純「禁圧」的、直接介入的なものから、次第にマスメディアを体制内に取り込み、そのマスメディアを使って政府の政策を巧みに国民の間に浸透させていく方向へと基調を変えていく。

「直接介入」（六〇年代）から「利益誘導と取り込み」（七〇年代）へ、そして「メディアの利用と操作」（八〇年代～現在）へと展開していったのである。

## ■U・V混在時代とテレビの再編成

戦後の歴代郵政大臣のなかで、テレビの大量免許によって放送の歴史にその名を留めた政治家が二人いる。ひとりは、三九歳の青年閣僚としてVHF局の大量免許（一九五七年）をやってのけた田中角栄である。そして、いまひとりは、UHFテレビの解禁と大量免許、そしていわゆる〝Uターン騒動〟などで〝勇名〟をはせた小林武治《たけじ》だ。いずれも、強引とも言えるやり方で免許行政に辣腕《らつわん》をふるったことで知られるが、田中がその後、総理大臣のイスに登りつめながらロッキード事件に連座・失脚する数奇な運命をたどったのと対照的に、小林は参議院選挙（一九七一年）にあえなく落選し、不遇のうちに生涯を閉じることになる。

小林が投じた波紋は、UHFテレビ局（親局）の大量免許だった。六七年一一月一日、郵政省は、この日を皮切りに岐阜放送など民放一八地区一八社とNHK三地区五局に、日本で初のUHFテレビ局の予備免許を与えた。第一次予備免許である。一九五七年一〇月の田中角栄郵政大臣のもとでのVHF局大量免許以来、実に一〇年ぶりの大量免許で、それはVHFテレビとUHFテレビが共存するU・Vテレビ混在時代の幕開けとなった。このUHFテレビ局の大量開局は、その後の〝テレビ多局化〟時代に道を開き、民放テレビ・ネットワークの再編成につながっていくことになった。

## ■マスコミ対策とテレビ免許

日本のテレビ放送は、それまでVHF（超短波＝30〜300メガヘルツ）の周波数帯の電波を使っておこなわれていた。このうち、テレビ用に割り当られたのは一二チャンネル（一チャンネルに6メガ幅が必要）で、これだと同一地域で最高七チャンネル、山の多いところでは中継局同士の妨害を避けるため三～四のチャンネルしかとれない。そのため、ＮＨＫの総合、教育テレビのほか民放テレビ一局しか見られないところが、全国で二五県にものぼっていた。

　そこで、これらの地域の住民から、新局開設の要望が強く出され、従来、難視聴解消のための中継局に限って認めていたＵＨＦ（極超短波＝３００メガヘルツ～３ギガヘルツ）の周波数帯を、テレビ親局に開放すべきだという主張が高まってきたのである。その先頭にたったのが、朝日、毎日、読売、日経、産経の全国大手五紙と、フジテレビだった。ＴＢＳ、日本テレビ両系列（各二五局）に対し、いちじるしく劣勢にたっていた後発のフジテレビ系列（六局）にとって、これは三強仲間入りへのまたとないチャンスだった。これらＵＨＦ開放促進派にとって、「テレビ文化の地域格差解消」は〝錦の御旗〟だった。

　小林郵政大臣になってから、にわかに法改正と切り離し、大臣の専権による行政手続きで、ＵＨＦ帯解禁の方向へと一気に走り出した。

　そのために、小林は六七年七月、電波管理局長の浅野賢澄《よしずみ》を電波畑から初めて郵政事務次官に抜てきした。ＵＨＦ局免許は、小林・浅野のコンビで一瀉千里《いつしやせんり》に進められた。

　郵政省は、第一次電波割り当てにつづいて六八年八月に第二次割り当て（民放一四地区、ＮＨＫ一地区二局）をおこなった。

　その結果、七〇年四月までに福井テレビなど一三社の民放ＵＨＦテレビ局が新たに誕生し、全国の民放テレビ局の数は既存のＶＨＦ局四八社にＵＨＦ局三三社が加わって、一挙に八一社にふくれ上がることになった。

## ■自民党が「U免許でマスコミ対策を!」

ここでUHF大量免許がおこなわれた当時の情勢を振り返っておく必要がある。この時期、佐藤栄作・自民党内閣は、「外交・防衛のごとき国家の運命にかかわる基本問題について、強い〝国家意識〟と〝国民の合意〟が厳然と存在することが必須要件である」(一九六七年度自民党運動方針)としてマスコミ対策を当面の重要課題に掲げ、NHK、TBSなどへの「偏向」攻撃、「日本広報センター」の設立(一九六七年六月正式発足)など、テレビを体制内に取り込むためのアメとムチの政策を精力的に進めていた。

一九六七年一〇月一七日、UHFテレビ局の新免許と既設VHF局の免許更新を前に、自民党が小林郵政大臣に対しておこなった申し入れ「放送免許の更新並びにUHF局の新免許に際し自民党が政府に要望すべき諸点」は、その意味で大変興味深い。

〈小林郵政大臣に対する自民党の要望書〉

「放送免許の更新並びにUHF局の新免許に際し自民党が政府に要望すべき諸点」(一九六七・一〇・一七)

（一）免許の更新に際して、各局に教育、教養番組の放送を五〇％にすることを義務づけること

○理由①　テレビによる弊害が時に問題になっているこの際に、自民党がこの政策を打出すことは多くの共鳴者が得られ、画期的な措置と歓迎される。

○理由②　迫水郵政大臣当時、衆院逓信委員会、電波小委員会はすでに、この方針を決議し、大臣も約束していること。

○理由③　五〇％の教育、教養放送を義務づけても、局は営業的に十分採算がとれること。

○理由④　文部省や、郵政省が将来考えている教育放送は、営業的に不可能に近いこと。

（二）全国的な番組審議会の設置

この案については、放送法改正案のなかにもりこまれているので省略するが、番組内容を審査する権限をもつ強力な委員会にする必要があり、ＮＨＫ、民放をふくめた幅広い推薦で、政府が任命するぐらいの強力なものにしたい。

これによって、報道が公正であるか、テレビ番組として適切であるかの判定を行い、局側に制裁的な措置も出来るものにすれば申し分なく、また芸術かエロか等についても、一応の判定を行えば、テレビによる弊害を除去することができる。

（三）人事について

一、新局や免許更新局に対し、官僚の天下り人事はできるだけ避け、有能なマスコミ関係者や経営者を実務の面で送りこみ、放送の公正と番組の向上を期すべきである。

二、政府関係の審議会、委員会等にラジオ、テレビの関係者を起用すべきこと——新聞社関係は最近かなり多くなったが、電波関係はより協力的であることを注目すべきであろう。（以上、原文のまま）

この「申し入れ」で注目すべきは、次の四点だ。

①それまで「予備免許の条件」（実質、努力目標）として課してきた〝教育・教養番組三〇％放送義務〟のハードルを五〇％に引き上げ「新免許」と「免許更新の条件」としたこと、②「報道が公正であるか、テレビ番組として適切であるかの判定を行い、局側に制裁的な措置も出来るような強力な権限をもった「全国的な番組審議会」の設置を求めたこと、③「放送の公正と番組の向上を期す」ねらいで、放送局の首脳部人事に郵政大臣が影響力を行使し、新局や免許更新局に「有能なマスコミ関係者や経営者を実務の面で送りこむ」ことを求めたこと、④「政府関係の審議会、委員会等にラジオ、テレビの関係者を起用」し、放送関係者の政府・与党への取り込みを強化するよう提言していること。

申し入れ書には、④につづけて「新聞社関係は最近かなり多くなったが、電波関係はより協力的であることを注目すべきであろう」の一節がある。このくだりも意味深長だ。新聞社幹部の政府審議機関への起用がマスコミ対策としてそれなりに効果をあげていること、放送関係者の方がより効果を期待できるとみていることが、うかがえるからである。だが、この部分は、さすがに活字にするのをはばかられたのか、新聞各紙とも意図的に削って報道していた。

小林郵政大臣は、これを受けて同年一一月一日の新免許と免許更新にあたり、テレビ局に三〇%の教育・教養番組を放送することを義務付けた。

それまで実質〝要望〟に過ぎなかったものが、免許更新の〝条件〟として義務付けられたのである。その結果、免許の条件が守られていないことを理由に電波法（第七六条）によって運用停止などの行政処分をちらつかせることが可能になった。テレビ局に対して、政治的揺さぶりをかける口実ができたわけで、それ自体、強烈な〝萎縮効果〟をもつことになった。

小林郵政大臣は、さらに一か月半後の六七年一二月一九日、閣議後の記者会見で、①NHK会長の政府任命制、②放送世論調査委員会の設置、③事業免許制の強化、を含む放送法改正の意図を明らかにした。テレビ事業者へのあからさまな脅しだった。また同じ時期、佐藤首相は新聞協会論説責任者懇談会で「とにかく責任ある行動をとってもらいたい。書かれているものには無責任なものは見受けられないと思うが、テレビにはひどい座談会などがある」（一九六七年一一月）と〝牽制球〟を放っている。

こうした一連の動きが雄弁に物語っているように、UHF局の大量免許と、それに伴うテレビ界の再編成は、政府のマスメディアに対するコントロール意図、そして「七〇年」に向けてのマスコミ対策と微妙にからみ合った形で進められたのであった。

## ■恣意的行政と高くついた〝借り〟

ＵＨＦ局大量免許の最大の特徴は、本来ならば慎重に扱われるべき放送の根本秩序にかかわる行政処分が、郵政大臣の専権と恣意《しい》によって、それも国民に全体的な青写真や放送界再編成後のビジョンすら示すことなく処理された点にあった。そして、それは恣意的に免許が与えられたその分だけ、本来の視聴者の利益（言論・情報の多元性・多様性の確保や放送の地域密着性）から離れ、政治的思惑や〝利権〟に左右されることになった。まさに国民不在の電波行政にほかならなかった。

小林郵政大臣自身、大臣就任前、選挙地盤の静岡県で自ら発起人代表となって、ＵＨＦ局の免許申請をしていた。ほかに田中角栄、塚田十一郎《じゅういちろう》（新潟）、上林山栄吉《かんばやしやま》（鹿児島）、青木一男、小坂善太郎（長野）など自民党の有力政治家たちが発起人代表その他の形で、この電波争奪戦に大きな役割を演じた。

ＵＨＦ局免許の第二の特徴は、新聞社、とりわけ朝日、毎日、読売、日経、産経の全国紙五社が新聞・放送の〝一体化経営〟や報道立体化による部数拡張を経営戦略に掲げて、電波獲得に競って乗り出したことだった。その背景になっていたのは、テレビが高収益をあげ、広告媒体としても新聞をしのぐ存在になる一方で、新聞経営自体の業績が頭打ちになってきたという事情だった。

新免許申請者数は全国で一六八件（六七年六月一日現在）にのぼったが、うち有力申請約五〇件が全国紙五社で占められていたことが、それを物語っていた。

しかし、そのことは同時に、新聞社が電波権益獲得の代償として、政府・自民党に高価な〝借り〟をつくり、また「免許」当事者として免許権限をもつ政府に「生殺与奪《せいさつよだつ》」の権を握られ、その顔色をうかがわざるをえない立場に身を置く結果にもなった。新聞は、郵政省の恣意的な免許行政にあえて目をつぶったばかりでなく、古手の政治部記者や社の幹部、とくに朝日新聞、日経新聞の場合は、社長の広岡知男（朝日）、円城寺次郎（日経）自らが先頭に立って田中角栄ら政府・自民党の有力者に直接働き掛けて免許工作を進めたのである。その意味で、UHF免許は権力のマスコミ対策に格好の〝舞台〟を提供することになった。

第三に、UHF免許は、民放テレビのネットワーク地図を大きく塗り替えた。とりわけ、それまで先発のTBS、日本テレビ両系列に比べて、はるかに弱体だったフジテレビ系列が、翼下に新しいUHF局を加えて、日本テレビ系列、フジテレビ系列各二七局、TBS系列二五局、NET系列一八局、ほかに東京12チャンネル、広域圏独立UHF局など一一局（一九七四年四月末現在）とTBS系列を抜いて日本テレビ系列と肩を並べるトップ・グループにのし上がったことが、最大の特徴だった。

なぜなら、政府・自民党にとって、財界のマスコミ対策の一環として設立され、反共の論客・鹿内《しかない》信隆会長をトップにいただくニッポン放送・フジテレビ・産経新聞系列の強化は、七〇年の安保改定期を控えてテレビに確かな橋頭堡《きようとうほ》を築くうえでも、またかねて政府・自民党にとって目障りな存在だったTBS系列の弱体化を図るうえでも、戦略的な重要性をもっていたからである。一方、朝日新聞も広岡社長の〝田中角栄詣で〟が功を奏し、田中角栄がじきじき仲介の労をとることで日経新聞との間で東京12チャンネル（旧・朝日系）、NET（旧・日経系）両社間の持ち株を整理・交換、晴れてNET（後にテレビ朝日と改称）を資本傘下に収めるとともに、仙台、広島などの基幹地区を中心に系列ネットワークを大幅に拡充した。

## ■フジが一躍、大ネット系列に

フジテレビがUHF新局の獲得にみせた執念は、すさまじかった。グループ総帥の鹿内信隆会長を先頭に「フジサンケイグループ」が一丸となり、基幹局である関西テレビ、東海テレビ、テレビ西日本とも緊密に連携をとりながら免許獲得にあたった。産経新聞を表面に立てるとともに、地元財界や有力者、前記系列局関係者、さらに社員までも動員して数多くのダミー申請（身代わり申請）を出願し、競願者調整・一本化の段階で主導権を握るという作戦をとった。

第三者の名義株を使って集中排除原則の「持株制限」規程（一〇％以下）を空文化し、実質的に二〇％、三〇％の持ち株によって新局を系列化する、このフジテレビがとった手法は、朝日新聞、読売新聞、日経新聞など他の全国紙の新局獲得争奪戦でも郵政省黙認のもとに罷《まか》り通った。この政府黙認の公然たる持ち株制限違反や第三者名義株による虚偽記載（有価証券報告書）の実態は、のちに『週刊ポスト』（二〇〇四年九月一〇日号）で大きく問題にされ、大手新聞各社は軒並み修正申告を迫られることになる。

こうして、系列局六局のフジテレビは第一～二次免許の申請三一局中、実に一〇局を完全ネットの形で獲得、複合ネットを含めて過半数の一七局を新たに系列に加え、計二七局と一躍、一大全国ネットワーク系列にのし上がった。そして前述のように最終的にはTBS系列を追い抜いて、読売新聞傘下の日本テレビ系列とともに系列局二七局の二大ネットワークを形成することになるのである。

東京放送（TBS）社長で民放連会長でもあった今道《いまみち》潤三《じゅんぞう》は、当時、UHF局の大量免許について、親しい新聞記者たちに「ここだけの話だが、キミ、これは政府・自民党の陰謀だよ。七〇年対策の一環として財界寄りのフジテレビ系列を強化しようというのがねらいなんだ」と解説して、はばからなかった。

余談になるが、この第一次、第二次免許の際の浅野賢澄郵政事務次官は、のちにフジテレビの副社長（七一年一一月就任）に、また小林武治郵政大臣は、同じフジ資本系列の地元・テレビ静岡に相談役（七二年一月就任）として、それぞれ迎え入れられることになる。郵政高級官僚の民放局への〝天下り〟は、いまでこそ珍しくないが、浅野のフジ副社長就任のときばかりは広瀬郵政大臣が異例の「大臣見解」を表明する事態にまで発展、派手な新聞ダネにもなった。

## ■強まった系列支配と系列間競争

UHF局の大量免許は、ネットワーク地図を塗り替えただけではない。それは民放一県一局の置局体制に競争関係を持ち込み、系列ぐるみの視聴率競争や営業競争を激化させた。また、①岐阜放送(中京広域圏)、近畿放送・サンテレビ・三重テレビ・びわ湖放送・奈良テレビ・テレビ和歌山(京阪神広域圏)、テレビ神奈川・千葉テレビ・群馬テレビ・テレビ埼玉(京浜広域圏)など広域放送圏内の県域テレビ局、いわゆる独立U局が誕生したこと、②名古屋、福岡、札幌、広島、仙台など基幹地区で東京、大阪のキー局、準キー局にほぼ見合った三〜四局体制が確立したことなど、いずれもテレビ置局体制のうえで注目すべき変化だった。

UHF局の大量開局は、民放テレビのネットワーク機能をいちじるしく強化した。全国スポンサーである大企業にとって、ネット局の数がふえることは、それだけ広告市場が拡大することを意味する。一系列で全国がカバーできるようになったことで、広告費の経済効率は飛躍的にアップした。複数のテレビ・ネットワークが全国を貫通したおかげで、民放テレビの広告メディアとしての媒体価値は格段に高まったのである。

しかし、そのことは、キー局間およびネット系列間の企業競争を一段と激化させることになった。パイの大きさ、つまり全国スポンサーの数や広告費の伸びが限られているのに、民放テレビ局の数が二倍以上（一九八二年段階でＶＨＦ局四八社、ＵＨＦ局五一社）にふえたのだから、それは自明の理だった。従来、地域的な独占体として存在していた地方民放テレビは、少数のキー局の系列下に再編成されただけでなく、ネットワークそのもののなかに深く組み込まれた。キー局の系列ローカル局に対する支配力は各段に強化された。

民放テレビでは、七〇年代に入ってニュース・ネットワークを柱にＪＮＮ（ＴＢＳ系列）、ＮＮＮ（日本テレビ系列）、ＦＮＮ（フジテレビ系列）、ＡＮＮ（テレビ朝日系列）の各協議会が相次いで発足した。それは以上のようなキー局とローカル局の力関係の変化や系列間競争の激化を背景にしていたのである。

系列を越えた番組単位のネットワークが、テレビ局単位の系列ネットワークに変わり、系列一体となっての番組の共同制作や共同開発が活発化した。これにはキー局のイニシアチブによるネットワーク合理化（制作分担金制度やネットワーク会社への志向）のねらいもからんだ。フジテレビが六九年四月から実施した基幹四社セット料金制とフジネットワーク・システムの設置、ＴＢＳでのネットワーク本部の新設（同年一一月）は、そうしたアメリカ型ネットワーク会社化への志向として注目を集めた。

## 2 世論操作機関「日本広報センター」

それは、うっかりすれば見落としかねない、三〇行足らずの目立たない記事だった。一九六七年五月三〇日付「日本経済新聞」朝刊社会面左下の「窓」欄に、コラムと呼ぶにはあまりにもソッ気ない、こんな文章がのった。

〈◎…総理府ではこのほど財団法人日本広報センター（会長松方三郎氏）に補助金一億五千万円を出し政府の政策や方針を広く国民にＰＲすることになった。

◎…これは四十二年度予算成立で本決まりになったもの。同センターによると広報委託費として支出させるこの一億五千万円に、財界などの寄付を合わせ約四億一千万円で事業を行なうが、講演会の開催、出版物の刊行とならんで連続テレビドラマ、劇場用短編映画の製作も計画しており、テレビドラマでは一本約四百五十万円をかけて「一時間もの」を年間十数本製作したいという。

◎…日本広報センターでは民間協力会社をスポンサーにして政府の名前は表面に出さないが、「娯楽的要素も盛り込んだ優秀作品を目標とし、国家の正しい方向を浸み込ませるようにしたい」といい、全国ネットで放映したいと意気込んでいる。〉

財団法人「日本広報センター」の存在について、これはマスコミが報じた、おそらく最初の記事だったのではあるまいか。

政府と財界がカネを出し合ってテレビ番組をつくり、一般番組と区別がつかぬ形で放送して国民の間に政策を浸透させる——これは話題性からいっても、また国民の「知る権利」にかかわる〝世論操作の危険性〟という点でも、このような欄で扱うには、あまりにも相応《ふさわ》しくない重大なニュースだった。

実は、この記事が出る三日前の五月二七日の夕方、日経文化部の放送担当記者であった私＝松田浩は、日本広報センターに関する本文八四行、関連記事三六行の〝特ダネ〟記事を社会部に持ちこんでいた。

私は六六年末から総理府を中心にこの動きが進められていることをキャッチし、ひそかに追跡取材を進めていた。そして表紙にマル秘の赤のゴム印が押された「広報センター」の設立趣意書・事業計画などを手に入れたうえで、三井総理府広報室長の談話を添え、全文一二〇行の原稿にまとめて社会部デスクに出稿したのである。同センター設立の中心人物である三井広報室長の公式談話をとるのに予想外に手間取り、やっと出稿にこぎつけた苦心の原稿だった。

私が心を砕いたのは、いかにしてこの記事を紙面に掲載させるかだった。というのは、世論操作機関であることを前面に出して書けば、〝没〟にされるのは目にみえていた。もともと日経新聞は、政府に批判的な記事には、きわめて神経質だった。さらに問題だったのは、この時期、社長の円城寺次郎を先頭に幹部が〝電波利権のドン〟田中角栄（当時・自民党幹事長、のちに首相）のもとに盛んに日参して、系列テレビ局（東京12チャンネル）の再免許にからむ教育専門局から一般局への切り換えやUHFテレビ新局獲得のための陳情工作を繰り広げていたことだった。「社にとって微妙な時期だから、郵政省を刺激するような記事は控えるように」といった指示が、末端記者の私にまでデスクから出されていたのである。

そこで、世論操作という言葉を一切使わず、事実だけを書いて「この種の試みははじめてなので、各方面から反響をよびそうだ」という基調で貫いた。そのうえで「視聴者に心理的な抵抗感なく喜んで受け入れられるよう娯楽的要素も盛り……、その中から国家の正しい方向と方針を浸み込むようにする」（事業計画書＝原文のまま）など政府側資料のなかの文言を随所に引用して、読者に広報センターの真のねらいと問題点が読み取れるように工夫した。

とくに力をこめたのは別稿記事だった。それは同広報センターの評議員委嘱の段階で上田常《つね》隆《たか》・日本新聞協会会長（毎日新聞社社長）、今道潤三・日本民間放送連盟会長（TBS社長）らマスコミ界首脳陣の間に就任辞退の動きが出ていることを伝えた記事だった。毎日新聞が役員会で「政府の政策広報に積極的に参加する形になるのは、自由な言論報道機関の立場から好ましくない」（本山秘書室長談話）との結論を出して評議員引き受けを断ったこと、今道民放連会長らもこれに同調したことを伝えたくだりは、政府の世論操作とジャーナリズムの矛盾を浮彫りにした点で重要な意味をもっていた。

だが、社会部Kデスクの反応は、この程度の原稿でも「ノー」だった。「この記事を載せれば、国会で問題になる。問題になれば、計画がつぶれる可能性がある。そうなれば日経の系列テレビ局に入るはずの政府広報予算が入らなくなる。それは系列局はもちろん、日経にとってもマイナスだ」というのが、掲載不可の理由だった。企業の損得を国民の「知る権利」に優先させる論理のおかしさは、当のデスクにもわかっていたはずである。それが表向きの口実に過ぎないことは、明らかだった。

「国会で問題になって広報センター構想がつぶれるなら、それは広報センター自体に問題があるからで、これほどジャーナリズム冥利《みようり》に尽きるスクープはないではないか。新聞社の経営にとってマイナスだから掲載できないという理屈は、国民の『知る権利』を企業の私的利益に従属させるものだ。絶対に承服できない」

Kデスクと三〇分以上もやりあい、原稿のコピーをとって親しい整理部中堅記者たち数人に配って非を鳴らした。こうした場合、六〇年代前半までなら労働組合に持ち込んで、不当な「自己規制」として問題にするケースだが、その労働組合はすでに委員長以下、中枢を会社の息のかかった労使協調派の編集出身執行委員ににぎられ、頼りに出来る状況になかった。

そこで編集局長に直談判を思いつき、すでに帰宅後の中川順《すなお》・編集局長の自宅に電話して「社会部Kデスクの判断は納得いかない」と食い下がった。

中川編集局長の応対は、素っ気なかった。「記者と編集局長がデスクを飛び越えて紙面の問題で話し合うのは、会社の秩序を乱すことになる。明日、所属部のデスクを通じて話をもってくるように」というのが答えだった。ちなみに、この中川順・編集局長は、後年、テレビ東京会長時代に「日本広報センター」の会長を七年にわたって務めることになる。思えば、不思議な因縁というほかかない。

こうして〝没〟は一応まぬがれたものの、それからが問題だった。翌日、文化部デスクを通じて出稿した原稿は、まる一日温められたすえに、社会部遊軍記者の手でわずか二八行の〝人畜無害〟なトピックス風記事に書き変えられて、前記「窓」欄に載る結末になったわけである。これでは、〝没〟にはしなかった——ということをただ証明するためのアリバイ記事に過ぎない。当然のことながら、この「窓」の記事は軽く読み過ごされて、世間の注目をひくことがなかった。

実は、これには、もうひとつ〝秘話〟がある。中川編集局長とのやり取りの段階で、私はこの問題は「もう日経紙面では、ぜったい暴露できない」と見極めをつけた。このままでは日本広報センターが正式発足してしまう。せめて国会開会中に問題を明るみに出して、「世論操作機関反対！」の大衆世論を起こさなければ……。そこで取材で入手した「日本広報センター」設立に関する一切のマル秘資料をコピーして翌二八日、記者クラブで日頃から信頼している朝日新聞のH記者に託した。朝日新聞で〝特ダネ〟としてとりあげてもらおうと考えたのである。「朝日なら、きっと大きく報道してくれるに違いない」と。

私は、かねて『週刊現代』に「ＬＯＯＫ」欄という〝メディア・ウォッチ〟を目的とした匿名執筆スペースをもっていた。そこで書くことも可能だったが、それでは週刊誌のゴシップ記事で終わってしまう。ここは、全国紙で国民の「知る権利」にかかわる大問題として、スクープ記事の形で報じてもらうことが、世論に訴えるうえで重要だと判断した。もちろん、特ダネを競争紙に提供するなどというのは、会社にわかれば〝厳重処分もの〟である。だが、国民の「知る権利」には代えられない。ジャーナリストとして、企業の枠を越えてでも「権力監視」の役割を果たす必要がある……。

だが、一週間経ち、半月待っても、朝日新聞に記事は載らなかった。マル秘資料をもとに裏づけ取材をすれば、三日か五日で記事にできるはずなのに、どう考えても異常だった。ぐずぐずすれば、国会は終わってしまう。しびれを切らした私は、ついに『週刊現代』の「ＬＯＯＫ」欄を使って、匿名でこの問題を書くことにした。一九六七年六月一五日発売の『週刊現代』（六月二二日号）に載った「政府御用〝日本広報センター〟の意図　新聞・テレビ界の首脳陣がズラリ」（「ＬＯＯＫ」欄）がそれである。

記事はトップに東京都千代田区・全国町村会館内にある日本広報センターの事務所の写真と松方三郎会長の顔写真を大きく掲げ、政府、財界が一体になって設立した財団法人「日本広報センター」が、「視聴者に心理的な抵抗感なく喜んで受け入れられるよう娯楽的要素も盛り……、その中から国家の正しい方向と方針を浸み込むようにする」（事業計画書）という世論操作を目的に、政府予算、財界寄付合わせて一九六七年度四億一三〇〇万円を使ってテレビにドラマやドキュメンタリー番組を制作させ、〝覆面スポンサー〟の形で放送しようとしていること、その日本広報センターの役員に福島慎太郎・共同通信社長、鹿内信隆・フジテレビ社長、清水与七郎《よしちろう》・日本テレビ社長などマスコミ界首脳が軒並み名前を連ねていること、しかし、一方では上田常隆・日本新聞協会会長（毎日新聞社長）、今道潤三・日本民間放送連盟会長（TBS社長）、酒井三郎・民放連専務理事らが就任を辞退するなどマスコミ界内部に警戒的な動きが出ていること――などを正攻法の筆致で伝えていた。

『週刊現代』の発売から一〇日後、やっと朝日新聞に「記事」が出た。六月二五日、朝日新聞は朝刊二面トップで「〝官報ドラマ〟茶の間へ　日本広報センター　十月から店開き　〝世論操作〟との批判も」とカット入り四段見出しで、このニュースを大きく報じた。

それは、評議員委嘱をめぐるマスコミ界内部の批判的動きには触れていなかったものの、「日本広報センター」が果たす世論操作の危険性と問題点を何初彦《がはつひこ》・東大新聞研究所所長の談話をつけて正攻法で伝えた非のうちどころのない〝スクープ記事〟だった。一面の横山泰三の「社会戯評」や翌二六日夕刊「素粒子」欄でも、「日本広報センター」のもつ世論操作の危険性にしっかりと触れていた。

だが、その時点では、すでに特別国会は終わっており、国会の場で日本広報センターの是非をめぐって論議が戦わされるチャンスは、永遠に失われた。そのことは、『週刊現代』の「LOOK」欄についても同様だった。

しかし、あえてうがった見方をすれば、一見特ダネの形に見えながら、その実広報センター関連の予算・討議終了を待ったうえで、しかも週刊誌報道の「後追い」の形で記事掲載をするという政府にとってもっとも実害の少ないタイミングと方法を選んだ政治的配慮が印象に残った。資料を提供した人間として言えば、国会審議中のもっと早い段階で朝日が報道してくれていたらとの思いは残る。

日本広報センターは、政府・財界の危機意識と七〇年対策を背景に、こうしたそれまでのテレビによる世論操作とマスコミ対策をいわば集大成する形で登場したものだった。それは、政府と財界が一体となって、広報専門家の知恵を動員し放送機関を〝共犯者〟にとり込みながら、テレビを国民に対するより効果的、組織的な世論操作の機関に再編成しようと乗り出したことを意味していた。

それだけに、評議員から毎日新聞（上田常隆）、東京放送（足立正、今道潤三）、ＮＨＫ（前田晃伸）、民放連（酒井三郎）が抜けたのは痛かった。動機はともあれ、世論操作に進んで公然と加担するかどうかをめぐって、マスコミ内部の足なみは乱れをみせた。そこには、権力に対して一定の距離をとらざるをえないジャーナリズム機関としての矛盾がうかがえる。

だが、広報センターに対する協力いかんは、放送局にとって一種の〝踏み絵〟にもなった。だから、評議員を断ったＴＢＳも、広報センターの企画審議機関である企画審議会（民放各社の編成局長・局次長クラスで構成＝毎月一回開催）には人を送っていた。それに、年間四億円も広報予算をもつ日本広報センターは、営業的にも魅力のある存在だった。金額自体は、政府の放送関係広報予算額に比べて、とるに足らないが、視聴率が低くスポンサーのつきにくい硬派の番組を、広報センターのカネで放送できるというのは、テレビ局にとって営業的に魅力のある話だったのである。

そして、二年目に入って、日本広報センターは〝脱兎《だつと》〟のように走り出す。六八年五月、広報センターは「今までタブー視されていた憲法問題、核と日本の態度、防衛論争、安保問題などをテーマにとり上げる」方針を打ち出した。

前年（六七年）一一月のジョンソン・佐藤栄作会談などを背景にして、この年は米原子力空母エンタープライズの佐世保寄港（一月一九日）をはじめ、北朝鮮による米情報収集艦プエブロ号拿捕《だほ》事件、倉石農相発言（「こんなバカバカしい憲法、……日本も原爆をもって、三〇万の軍隊でも……」）、東京・王子の米軍野戦病院反対デモ、成田の空港反対闘争、佐世保港の放射能汚染など、ベトナム戦争への加担や日米安保体制にかかわる事件に揺れた。広報センターが安保・防衛問題に踏みきったのは、さしあたりのこうした情勢に対応するとともに、二年後に控えた七〇年の安保改定に備えての世論づくりがねらいだったのである。

日本広報センター番組の受け入れ、それはジャーナリズムとしての放送機関にとって、一種の〝自殺行為〟を意味していた。なぜなら、それは政府の世論操作への積極的な加担であり、一般番組の外見を装いながら政府のヒモ付き番組を放送する点では、視聴者・国民に対する欺瞞《ぎまん》以外のなにものでもないからである。それはジャーナリズムそのものの危機、国民の言論・表現の自由、「知る権利」の危機、でもあった。

## 3 〝制作分離〟とプロダクション化の波

### ■広がる制作部門の切り離し

「ＴＢＳ（東京放送＝諏訪《すわ》博《ひろし》社長）では、これまで同局で制作してきたテレビ番組を大幅に下請会社にまかせる方針を決めた。これにともなって制作スタッフが数グループに分れてプロダクションをつくる動きをみせている。番組をつくると赤字が出るという、東京キー局の悩みを解消するための合理化だが、番組をつくって電波を流すという放送局の概念は大きく変ろうとしている」（朝日新聞一九六九年一二月一六日付夕刊）

一九七〇年という年は、民放の合理化の歩みのなかで、ターニング・ポイントともいうべき節目の年になった。この年の初め、ＴＢＳでは制作部門切り離しの方針にそって、株式会社「木下プロ」（木下恵介社長、資本金四〇〇万円＝一月一九日設立）、株式会社「テレパック」（石川甫《はじめ》社長、資本金一〇〇〇万円＝二月一六日設立）、株式会社「テレビマンユニオン」（萩元晴彦社長、資本金一七〇〇万円＝二月二五日設立）の、三つのプロダクションが相次いで発足した。

これに先立って、TBSは前年（一九六九年）の一一月一四日付で、大幅な機構改革を断行していた。ラジオ本部、テレビ本部など事業本部制をとり入れ、新たにネットワーク本部を新設した。年来の構想であったネットワーク会社へのワンステップとして、ネットワーク部門の独立をはかったのである。これは経営戦略のうえで制作部門の切り離しとも密接にからみ合っていた。

「木下プロ」は、従来、TBSと契約関係のもとにテレビ映画を制作していた有限会社「木下惠介プロダクション」を改組したものだった。TBSと博報堂が出資し、TBSから飯島敏宏ディレクターら七人が出向した。「テレパック」はTBS制作局長の石川甫が中心となって設立された。TBS二五%、電通四〇%、それに東通、渡辺プロなどが共同出資し、TBSから橋本信也、石井ふく子、山本和男、宮武昭夫ら一七人の職制プロデューサー、ディレクター（いずれも非組合員）が同じく出向の形で参加した。

一方、「テレビマンユニオン」は、ドキュメンタリー「現代の主役・日の丸」を制作した萩元晴彦、「七人の刑事」の今野勉、それに村木良彦、吉川正澄らドラマ、ドキュメンタリー畑の第一線中堅ディレクターがTBSを退職して結成された。

創立メンバー二六人のうち一三人はTBSからの退職組だった。資本金には彼らの退職金から一〇〇〇万円をあて、ほかにTBS、東通などが七〇〇万円を出資した。

「木下プロ」「テレパック」はスタジオ制作ドラマ、また「テレビマンユニオン」は、当初、公開、中継などの生番組を中心にスタートしたが、やがてドラマにも進出する。TBSは、これらのプロダクションに対して、スタジオや中継車の優先使用、番組の発注などを通じ積極的に援助育成をはかることを約束していた。

ＴＢＳでの〝制作分離〟は、たちまち他局にも波及する。九月には、フジテレビが「来年（一九七一年）四月をメドに、報道部門と小川宏ショーを除く全番組の制作スタッフを別会社の番組プロダクションに移す」方針を発表した。これは、報道部門を除いて、番組制作を全廃することを打ち出した点で、ＴＢＳよりはるかに徹底したものだった。この〝分離〟計画は、管理職だけでなく一般組合員までも対象とし、退職を前提にしていたことから、労働組合の激しい抵抗を受け、結局、会社側が全員出向の線まで譲歩することで実現した。その結果、七一年四月までに約一五〇人の制作スタッフが新たに設立された「フジプロダクション」（河野義徳社長、資本金六〇〇〇万円）や既存の子会社を含む六つのプロダクションに出向その他（管理職は退職）の形で転籍することになった。こうしてフジテレビでは、ついに制作局が姿を消した。

同じ七一年一二月末には、日本テレビで前制作局次長の牛山純一らドキュメンタリー制作スタッフ有志七人が、退職してプロダクション「日本映像記録センター」（牛山純一社長、資本金二五〇〇万円）を設立した。同センターは牛山と志を同じくするドキュメンタリー作家たちの制作集団という性格が強かったが、日本テレビにとっては制作部門分離のねらいも兼ねていた。

制作部門切り離しの波は、報道部門にも及んだ。ＮＥＴ（一九七七年四月にテレビ朝日と改称）では、七一年一一月、「報道部門を切り離して新会社をつくり、今後すべての報道番組はその新会社に制作させる」と発表した。同局は、五九（昭和三四）年の開局当初からフィルムニュースを朝日新聞社系の朝日テレビニュース社に依存し、スタジオ報道番組や生中継をNET報道部が受け持つという変則的な二本立て体制をとってきた。報道部門切り離しは、それを株式会社「NET朝日制作」（朝日テレビニュース社を改組＝藤井恒男社長、資本金七五〇〇万円）に一本化しようというものだった。

当時、三浦甲子二《きねじ》報道本部長は、そのねらいについて、「TBSのように一局でニュースを全面的に担当することはもうムリな時代になった。……系列局が分担金を出して全面的に協力するニュースネットワーク会社が必要であり、今回のNET朝日制作への分離はその体制への第一歩にほかならない」と説明していた。

このNETの〝報道分離〟は、NET朝日制作に出向を命じられた報道部員を中心に、NET労組、民放労連の激しい「白紙撤回闘争」に発展した。「放送局が報道部門を切り離すことは、社会的責任の放棄につながる」というのが、その反対理由だった。六九年九月に同局が労組との間で「ニュースの自主制作は将来のあるべき姿として前向きに追求していく」との文書をかわしていたことからも、それに逆行する措置として不信を招いた。報道部では課長待遇者（非組合員）が連名で横田社長に異例の意見書を提出し、「今回の会社の方針は私企業としての利潤追求を優先させ、合理化を進めるために〝公共性〟を完全に下請けさせるもの……」と〝疑念〟を表明した。

労組側は、七一年一一月二〇日の新体制強行発足後も辞令の一括返上、旧報道部労組員二七人の指名スト、座り込み、十数波の全面時限ストなどで一〇〇日余にわたって反対闘争を繰りひろげたが、七二年三月、組織の足なみの乱れから事態を収拾した。「今後三年間、他職場に対する切り離し・出向は行なわない」との協約を会社側からとりつけたものの、それは明らかに「敗北」を意味していた。

七四年二月には、フジテレビが報道本部制を採用して、独立採算制に踏み切った。

こうして、一九七〇年から始まった制作分離、プロダクション化の波は、七四年ごろまでには、ほぼ一巡した。それは、労働組合の激しい抵抗やネットワーク会社構想の挫折、さらにテレビ局内部からの反省もあって、フジテレビを除いては、アメリカ・テレビ局型の完全分離にまで発展するに至らなかった。それどころか、完全分離を断行したフジテレビも、九年後の八〇年五月には、その〝失敗〟を全面的に認める形で制作分離を白紙に戻し、制作局を復活することになる。それについては、のちにあらためて触れることにする。

ここで重要なのは、制作分離をきっかけに、それまでテレビ映画やフィルム番組に限定されていたテレビ番組の外注・下請け方式が、スタジオ制作ドラマやテレビ・ドキュメンタリー、報道番組の分野にまで大幅に導入されたことだった。そして、それは一九七〇年代以降の民放、さらにはＮＨＫの番組制作体制のあり方をも大きく規定していくことになる。番組のなかば以上を外部プロダクションに依存する今日の民放テレビのあり方と、それがかかえるさまざまな問題点は、この七〇年代の〝制作分離〟に、すべて端を発しているのである。

## ■〝制作分離〟導入の背景

ここで、制作分離や番組の外注・下請け化が導入されるに至ったバックグラウンドに目を向けておこう。

それは、①一九六〇年代なかばを境に、放送界をめぐる環境条件が大きく変化し、テレビ経営が転機を迎えたこと（客観的条件）、②テレビ企業自体が高度成長のもとで資本主義的成熟をとげ、利潤追求第一主義的な体質を強めたこと、③とくに六五年のベトナム戦争報道以来、激化する政府・自民党の干渉、攻撃に〝屈服〟して自主規制＝ジャーナリズム機関としての社会的責任放棄の道を選んだこと（主体的条件）と深くかかわっていた。環境変化としては、主として次の三点があげられる。

第一は、テレビ広告費の伸びの鈍化である。民放テレビ産業は、開局以来、広告媒体として急速な発展をとげ、そのためテレビ広告費は、国民総生産（ＧＮＰ）の伸びの約二倍という急テンポの成長ぶりをみせてきた。ところが、それが六五（昭和四〇）年の不況を契機に、一転して鈍化の傾向を示しはじめたのである。

テレビ広告費は、テレビが大量開局した一九五八年から六四年にかけての七年間、年平均成長率にして五四・六％という驚異的な伸びをみせたが、六五年以降は好不況の影響を大きく受けるようになり、その成長率も六五～七〇年の六年間で年平均一四・七％と三分の一以下に落ち込んだ。ＧＮＰの成長率（年平均一六・一％）をも、ときに下回るようになったのである。

これには、①受像機の普及が六〇年代なかばから飽和点に近づき、それまでのように受像機増加＝媒体価値の増大を根拠に電波料を度々値上げして増収をはかることが次第にむずかしくなった、②広告支出の形が六五年の不況を契機に変化した、③日本経済自体が七〇年代に入って低成長、減速経済に移行した、などの事情が見落とせない。

第二は、ＵＨＦ局の大量開局に伴う多局化と、それに伴う競争条件の激化である。テレビ広告費の伸びが鈍る一方で、テレビ局の数が逆にＶＨＦ時代に比べて大幅にふえた（一九七〇年四月の時点でＶＨＦ局四八、ＵＨＦ局三三と約一・七倍）。それだけ、一社当たりの成長性は低下し、また局間、系列間での競争が激烈化した。

第三に、東京のキー局の場合、これが最大の構造的な経営圧迫要因だったが、①番組カフー化のための巨額な設備投資と金利負担、②ＵＨＦ局の大量開局に伴う系列ぐるみの視聴率競争の激化と番組大型化など制作費負担の急増、③ＵＨＦ局を系列内に獲得、維持するための出資金、営業保証など、支出要因の増大をあげなければならない。

要するに、国民不在の電波行政によるＵＨＦ免許の大盤振る舞い、テレビ資本間の激烈な視聴率競争、ネットワーク系列拡大競争などのツケが、少なからず経営内容悪化の原因をつくっていたのである。

こうした事情を背景に、民放の業績は下降の一途をたどる。全民放局平均の売上高経常利益率は、六七年の一五・八％から一四・八％（六八年）、一一・七％（六九年）、一〇・八％（七〇年）と年々落ち込み、七一年には〝ドルショック不況〟の影響もあって一挙に八・四％と、五五年以来の最低水準に落ち込んだ。

見落としてならないのは、売上高経常利益率一〇％前後というこの数字は、それでも同じ時期の全産業平均（約四％）に比べれば、異常と言っていいほど高い水準にあったという事実である。それはなにより、民放事業が免許によって競争企業の自由な参入を制限され、制度的に寡占を保証されていることによるもので、いわば〝ヌレ手で粟〟に近い経営不在の「経営」が、まかり通ってきたのであった。そして、そのことは、かえって、そうした高収益実績を、なんとしても守りぬくために、テレビ局経営者を、しゃにむに合理化へとかり立たせる結果にもなった。

矛盾は、東京キー局の場合、とくに著しかった。というのは、業績圧迫の大きな要因の一つに、制作費の高騰があったが、その制作費は、キー局が番組をつくればつくるほど、赤字になる仕組みになっていたからだ。もともと民放の放送収入体系は、電波料（広告放送の対価として広告主から得る料金）と制作費から成り立っている。ところが、制作費の方は実費回収が建て前なのに、現実には完全回収がむずかしく（平均回収率約七〇％）、制作費の膨脹は、そのまま人件費の増大とともに、番組制作を一手に引き受けるキー局の業績悪化につながらざるをえない。キー局にとって、番組制作部門とネットワーク部門の合理化が緊急の課題としてクローズアップされることになった最大の理由は、そこにあった。

しかも、それは、たんなる合理化ではなかった。放送産業が花形産業だった時代が終わり、経営的に曲がり角に立たされているという過度の危機感があり、いま一方の極には、一世を風靡《ふうび》した情報未来論（情報化社会論）があって、CATV、ビデオ・パッケージなど新しいメディア群、つまり情報産業への対応をからめた民放の長期経営戦略の一環として、それは登場したのであった。

民放連は、こうした課題にこたえて、六八年末から「未来問題調査会」（主査・野田一夫立教大教授）を発足させ、七一年四月にその検討結果を報告書（『環境変化と民放事業の未来戦略』）にまとめて発表している。

そこでは放送事業の効率化が経営多角化と並んで経営革新の基本的課題として位置づけられ、「少数精鋭主義の徹底や制作部門の分離独立などによる衛星型経営体制への移行」（同報告書五九ページ）が、今後の方向として提起されていた。

そして、この経営の効率化や多角化、未来戦略に関する限り、TBSとフジテレビが、他のどのキー局よりも、はるかに先行していたという事実は、注目されていい。

フジテレビとTBSは、六九年一〇月と同年一二月に相ついで「フジネットワーク・システム（FNS）構想」と「JNNネットワーク・システム構想」を発表していた。この両者は、いずれも系列各局の抵抗にあって、当初の構想から大幅に後退を余儀なくされるが、そのねらいはキー局を独立したネットワーク部門（会社）と東京ローカル局に分け、局本体を身軽にするとともに、それまでキー局が負担していたネット番組の制作費を系列ローカル局に分担させようというものだった。

制作分離は、そのための欠かせない段取り、つまり前提条件でもあったのである。

## ■労務対策、ネット会社構想も絡んで

ＴＢＳの制作部門切り離し――それは、なにより労務問題との深いつながりのもとでスタートした。当時、社長（一九六九年一一月就任）だった諏訪博は証言する。

「プロダクション外注方式の導入については、テレビマンユニオンやテレパックがスタートする二年ぐらい前から、テレビ本部長の山西由之君と二人で考えていた。番組制作の合理化というねらいも確かにあったし、アメリカは完全分離方式をとっているじゃないかという発想もあった。しかし、直接の動機は、労務対策だった。当時、組合が盛んに激しいストライキ闘争をやっていた時期で、これではどうにもならない。ストをやられても困らない体制を作るべきではないかという結論になった」

「ところが、たまたま、萩元晴彦君、村木良彦君らが『どうせ、このまま中にいても、やりたいものができないから、独立してプロダクションを作ろう』という気運になっていることが、わかった。そこで、これはちょうどいい機会だということになり、両者の考え方がドッキングする

形で、TBSとしてテレビマンユニオンの独立をバックアップすることになった」「テレパック」の場合は「制作局長の石川甫氏がプロダクション化の先行きに不安を抱いて渋るのを、再三説得してOKさせた」という。

労務対策については、いま一方の山西も、その年の三月におこなわれた日本放送作家協会の懇談会の席上、「理由は、まず労務対策だ」と制作分離に踏み切った最大の動機として挙げている。山西は「一昨年の大争議（TBS闘争＝筆者注）のにがい経験」によるものとしながら、「原因は決してそれだけではない。（中略）制作部門を切り離し、社内と社外の競争をさせることによって、停滞を打破」するのが目的と説明していた。今道潤三会長（当時）の場合は、もっと単純明快に合理化の面を強調している。

「テレビ局は収入がふえていくのに、もうけが減っていく。番組をつくると収入が減るのです。売れるのは夜の四時間、勝負になるのはこの限られた時間きりない。徹底合理化、制作分離です」（「テレビは変るか」⑦朝日新聞一九六九年一二月二〇日付夕刊）

「労務対策が最大の動機だった」というのには、二つの意味があった。一つは、文字通りストライキ対策。番組外注化は、スト戦術の威力を減殺するだけでなく、労組の弱体化にもつながる。いま一つは、合理化にからんだねらいだ。この時期、TBSでは、労組が超過勤務五〇時間打ち切り制の撤廃を要求、「働いただけ全額支払え」とストライキ闘争で会社に激しく迫っていた。労組側の推定では、未払い超勤手当は年間一億円にものぼった。ストのため、新番組の制作が放送開始日まで間に合わず、再放送でつなぐ一幕さえあった。外注方式にすれば、そんなわずらわしい労務問題から解放されるばかりか、人件費、制作費を大幅に切りつめることができると会社側は考えたのである。そのうえ競争原理の導入で局内に刺激を与えることができれば、まさに一石三鳥である。

フジテレビの制作部門切り離し計画は、七〇年九月一一日、編成局全体会議で正式に発表された。そこで「目的」として示されたのは、次の三点だった。

(1) ビデオ・パッケージ、CATVの出現により産業構造に変化が起こり、未来を先取りする必要。

(2) FNS(フジネットワーク・システム)の導入によりネットワークの独立採算化を目指さなければならない。そのためには、必然的に制作部門の独立が前提となる。

(3) 制作部門の独立は時の趨勢《すうせい》である。アメリカのテレビ界にならい、番組作りの体質をかえる。

興味深いのは、制作分離の最終的なねらいについて、TBSの見解が「局内に刺激を与えるのがねらいだから、全面分離は考えない」(諏訪常務)、「パッケージできる番組を適当な範囲で外注していく」(山西テレビ本部長)と、全面分離を少なくとも公式には否定しているのに、フジテレビの方は、全面分離を前提としたアメリカ型テレビ局への移行を明確にビジョンとして打ち出していたことだ。ここには、労組側の強い抵抗を予想して、管理職と希望退職者だけでプロダクションを発足させたTBSと、結成後まだ日が浅く、組織的にも弱体な労組の力を見越して全面分離に踏み切ったフジテレビとの〝家庭の事情〟の違いをみることも可能だ。

しかし、最終ビジョンや力点の置きどころの違いはあるにせよ、制作分離の最大のねらいが、合理化と労務対策に置かれていたことは疑う余地がない。その場合、アメリカのテレビ局のあり方が一つのモデルになっていたことも共通していた。少なくとも、その時点でテレビの番組制作体制と制作現場がかかえていた番組制作上の問題点が、制作者をも混じえて検討され、その結論として「制作部門切り離し」「番組外注化」の方向が導き出されたわけではなかった。そして実は、そこにこそ、この「制作分離」の最大の問題点があった。つまり、競争原理の導入が考えられたにせよ、それは終始、経営者の側の「合理化の論理」「労務対策の論理」を軸にして発想され、進められたのである。

制作分離によってテレビ局が期待したメリットは、次のようなものだった。

（1）別会社にすることで原価意識を徹底させ、制作費を抑制、削減する。

（2）競争原理を導入し、プロダクションと局内制作者またはプロダクション相互を競い合わせる。

（3）労組のストライキへの対抗策、労務管理、労組弱体化など、さまざまな労務対策上の効果。

（4）本体のテレビ局の人件費負担を軽減する。

（5）番組制作コストを明確にし、制作費の完全回収をはかる。
（6）プロダクションを自立させ、将来は制作部門からも利潤を生ませる。

## ■制作合理化の大きな流れ

制作分離は、唐突に降って湧いた訳ではなかった。それには、テレビ映画の外注化、下請け化という前史があった。制作分離は、それをも含めた番組制作合理化の大きな流れのなかで、とらえられる必要がある。

一九六〇年ごろから顕著になった国産テレビ映画の導入がそれである。当時、テレビ局は、放送の全日化に伴う番組枠の拡大、スタジオ不足、アメリカ・テレビ映画の払底などに加えて、労務問題の発生にも悩んでいた。そこで目をつけたのが、五〇年代末ごろから子ども向け番組（「月光仮面」「風小僧」など）として定着しつつあった国産テレビ映画であった。あたかも、映画界は斜陽化の度を深め、人員や機材、施設などをもて余していた。テレビ局は自社制作体制を拡充することなく、国産テレビ映画を安く外注化する道を選んだ。こうして、東映、大映、松竹、日活、東宝など大手五社系の映画資本が次々とテレビ映画に進出することになった。映画界の不況とテレビ局の合理化の論理が、うまくかみ合ったわけである。

とくに五社のテレビ進出に大きく拍車をかけたのは、六二年一〇月から二六回にわたってＴＢＳで放映した「人間の條件」（大映）のヒットだった。ＴＢＳは、キー局のなかでも、国産テレビ映画の導入にもっとも積極的だった。すでに六四年四月の時点で、ＴＢＳの全放送時間に占めるテレビ映画の比率は一〇・九％（一四時間三〇分）と日本テレビ（八・〇％）以下の各局を大きく引きはなしていた。そして、このテレビ映画の比重は、カラー時代にはいって、ますます増大する。

膨大な設備投資をしてカラースタジオを増設し、社員の高い人件費と超過勤務手当をめぐる労務問題に悩まされながらスタジオドラマを作るより、カラー設備をすでに備えた映画スタジオで、大手五社系のプロダクションにテレビ映画を下請制作させる方が、はるかに安上がりで手間がかからないからだ。その結果、テレビ映画は、局内制作のスタジオドラマにとって代わることになった。それは、合理化の論理が当然行きつく帰結でもあった。

六九年二月一日付の朝日新聞は、夕刊社会面トップで「後退するスタジオドラマ」（カット見出し）という記事を大きく報じた。それは、民放テレビの四月番組改編で、ＴＢＳの「七人の刑事」など四番組を筆頭に、九本のスタジオ制作ドラマが外注のテレビ映画にとって代わられることを伝え、次のように問題を投げかけていた。

「視聴者の立場からすれば、スタジオ内にセットを組んでビデオ撮りするスタジオドラマも屋外で撮影するテレビ映画も一見変りないようにみえる。が、番組の外部発注が今後ますますふえると、『放送局とは番組制作と電波発信をするところ』というこれまでの概念が変ってくるだろう。アメリカがそうだ。日本のテレビ界も将来はアメリカ型になるという声も聞かれる」と。

ＴＢＳが、かねて政府・自民党から批判攻撃のマトにされていたドラマ「七人の刑事」を打ち切った問題は、テレビ局がジャーナリズムとして〝時代や状況と切り結ぶ〟ことをやめ、文化的側面を切り捨てても「効率」と「高利潤」を貫こうとした〝テレビ閉塞の時代〟を象徴する出来事だった。

「判決」（ＮＥＴ）、「若者たち」（フジテレビ）、「こちら社会部」（ＴＢＳ）などが消えたあとの六〇年代後半のテレビ界にあって、当時、「七人の刑事」は、ほとんど唯一の良心的な社会派ドラマであった。その「七人の刑事」は、六九年四月、第三八二回をもって突然打ち切られることになった。それは、「ＴＢＳの労務問題がその理由の大きなウェイトを占めてはいたが、一方、制作者たちの思想まで引きずったシビアな状況劇としての対応が、企業経営者によって危険と断定された」ためであり、より安上がりな旧作劇場用映画「月曜ロードショー」に置きかえられたのである。ここでは、たえず日常的な現実と向かい合う〝時間のメディア〟としてのテレビの本質が失われ、番組に社会的にも芸術的にも責任を負おうとする制作者たちの主体性が切り捨てられようとしていたのだった。

そして、それと前後して「楽しくなければテレビじゃない」のキャッチフレーズとともに、視聴率を安直にはじき出せるお笑い番組やショー、公開エンターテインメント番組のたぐいが、にわかにブラウン管に氾濫しはじめる。

「民間放送の面貌は徐々に変化し、すでに外濠は埋められて、これからは急激な変革が始まろうとしている。放送局は自分の手で創ることに絶望し、他人の創ったフィルム作品を買いたたこうとしている」（山田和也「埋められゆくＴＶドラマの外濠」『調査情報』一九六九年五月号）

「七人の刑事」が放送打ち切りになったとき、プロデューサーの山田和也は、こう書いた。もちろん、彼はそのとき、フィルム作品の買いたたきが、一年後に〝ビデオ作品の買いたたき〟にエスカレートしていくことを、知るよしもなかった。

だが、合理化は、それだけにとどまらなかった。スタジオドラマをただテレビ映画に置きかえ、局内の制作スタッフを遊ばせておくのでは合理化の効果がない。局内の制作スタッフを活用して、スタジオドラマにも外注化を導入し、テレビ映画とスタジオドラマ、プロダクションと局内制作現場との間で、より安い制作費と、より高い視聴率を競わせる――それがテレビ局の次に考えついたことだった。テレビ映画の比重が高まるにつれて、需要供給の力関係からテレビ映画の制作費が相対的に上昇し、質の面でも低下が目立ってきたことが、制作分離＝ビデオ番組の外注化、下請け化に拍車をかけた。

ビデオ番組の自社制作方式に、最初に風穴をあけたのは、ＴＢＳが六二年に設立した技術下請会社「東京通信機工事」（六四年「東通」と改称）だった。

もともと、それは、ＴＢＳが労働組合の補助職撤廃闘争とストライキへの対抗策として発足させた技術下請会社だったが、六九年ごろからドラマ制作の下請をも手がけるようになり、制作分離を契機にカメラマンから音声、照明、編集まで人員機材一式をセットで供給する業界最大手にまで急成長した。人呼んで「チャンネルを持たないテレビ局」、ディレクターを派遣するだけで番組が作れる合理化の〝申し子〟のような存在である。労務対策と合理化を兼ねてスタートしたという点で、制作分離と成立の事情が共通しているのも、両者の発想の原点を示唆していて興味深い。

実は、七〇年にディレクターとプロデューサーだけで「テレパック」「テレビマンユニオン」「木下プロ」などが発足できたのは、この「東通」の存在に負うところが、きわめて大きかったのである。

## ■強まる制作者の閉塞感

制作分離が現場の制作者やジャーナリストに与えた影響は、深刻かつ複雑なものがあった。「去るも地獄、残るも地獄」――そんな言葉が、ドラマ制作者の間では、実感をこめて語られた。〝地獄〟は、ただ制作条件の切り下げや合理化だけではなかった。番組に対する上からの規制と視聴率による締めつけが、制作者たちの自由な創造性とジャーナリズム精神を窒息させたのである。

一九六五年のベトナム戦争を境に露骨化した政府・自民党によるマスコミ攻撃は、テレビ局の姿勢を完全に権力寄りに変えていた。とりわけ、六八年三月の「TBS成田事件」（成田新空港建設反対集会の取材に向かうTBS報道部のマイクロバスに、反対同盟の集会参加者を便乗させたことが発覚。政府・自民党からの非難を受けて、ＴＢＳは担当記者、報道局幹部への処分をおこなった）は、テレビ局におけるジャーナリズムの「後退」を決定的なものにした。テレビ経営者は、権力の干渉、介入に対して、〝自主規制〟を強めることで、ひたすら恭順の意を示したのである。

言論の自由、表現の自由のために闘うことを放棄し、ジャーナリズム機関としての社会的使命より、営利企業体としての利害得失を優先したテレビ局の姿勢――それは、視聴率や合理化を第一とする経営方針に、そのままストレートにつながっていた。

制作者たちをとりまく〝閉塞状況〟は、まさにそこに根ざしていた。つまり、彼らは、良心的かつ主体的に時代とテレビにかかわろうとすればするほど、上からの〝自主規制〟方針とぶつからざるをえず、また視聴率第一主義や合理化とも対峙せざるをえなかった。しかも、安直に視聴率を稼ごうとする経営姿勢のもとで、ショーや公開番組がドキュメンタリー番組、スタジオドラマにとって代わり、わずかなドラマも制作費の安い下請けのテレビ映画が主流となって、ドラマ制作者にとっての仕事の場は急速に狭められていったのである。

企業の規制の枠や管理体制からはみだしたり、視聴率競争、制作費切りつめなどに順応できない場合には、仕事から干され、あるいは非制作現場に配置転換されることも、まれではなかった。日本テレビのせんぼんよしこ、ＴＢＳの大山勝美、フジテレビの森川時久、岡田太郎、ＮＥＴの八橋卓《やつはしたかし》、その他数多くの著名な制作者たちが、この一時期、こうして不遇な状態に身を置くことになった。

ちなみに、一九七〇年四月編成の段階でのドラマ制作状況（東京民放キー局社）は、TBSで制作分離がスタートしたこの時点で、テレビ映画を中心としたドラマの外注化が、どれほど深くテレビ界に浸透していたかを如実《によじつ》に物語っている。

すなわち、夜七時以降のドラマ（劇映画、外画を含む）についてみると、自主制作は、日本テレビ週一〇本のうち二本（うち一本は読売テレビ制作）、TBS同二一本のうち四本（うち二本は朝日放送制作）、フジテレビ同一一本のうち四本（うち一本は関西テレビ制作）、NET同一五本のうち二本（うち一本は毎日放送制作）。四局合わせて一週間五七本のドラマのうち、自主制作は一二本（キー局分は七本）で、残り四五本、全体の実に七九％は外部プロダクションの制作だった。この外注比率八割という数字にみられる番組制作の外部依存体質は、その後、スタジオドラマの外注増大で、数字に多少の変動はあったものの、今日にまでほとんどそのままの形で引き継がれている。

ところで、一九六〇年代後半から七〇年代前半にかけてテレビ界をおおったこうした閉塞《へいそく》状況は、一方で制作者の意識の後退＝サラリーマン化と制作現場の荒廃を招いたが、半面また、その閉塞状況を内側から主体的に克服しようとする取り組みを生むことになった。テレビ企業が、文化・ジャーナリズム機能をとめどもなく後退させるなかで、制作者の間にテレビの真の担い手としての職能的自覚が芽ばえ、企業から自立し、ときには企業の論理を逆手にとってでも〝志〟を貫こうとする強固な職能的自立意識が形成されていったのである。

この制作者たちのなかの職能的自覚と自立意識は、制作分離・プロダクション化にあたって、複雑に反応した。ある者は、それに批判的な立場をとることで抵抗し、またある者は、逆にそれをしたたかに先取りすることで、そこに自立への夢を託そうとしたのである。

テレビ制作者たちにとっての宿命、それは、映画、新聞、雑誌などその他のマスメディアと違って、かりに独立しても、テレビ局以外にさし当たり発表手段をもちえないという点にある。なぜなら、肝心のテレビ電波は政府から免許を与えられた特定のテレビ企業、それも事実上、全国ネットワークをもった四ないし五つの東京キー局によって独占され、だれでも利用できるという仕組みにはなっていないからだ。

そのうえ、テレビ制作者の場合、新聞記者と異なって専門職としての身分保障が確立されておらず、辞令一枚でいつでも制作現場からはずされる不安がつきまとっていた。事実、数多くの良心的な制作者たちが「社の方針に協力的でない」という理由で干されたり、左遷されたりの憂き目をみていたのである。萩元晴彦、村木良彦の〝不当配転〟に端を発したＴＢＳ闘争の「敗北」が象徴するように、その点では労組もほとんど無力に近かった。

こうした状況下で、制作者たちが、なおテレビに〝志〟を託そうとするとき、その生き方や制作活動が、きわめて屈折したものにならざるをえなかったのは、ある意味で当然でもあった。制作分離・プロダクション化への制作者たちの対応は、彼らの置かれた立場や状況認識を反映して、批判派、積極派の一見両極に分かれたが、それはテレビ閉塞の時代のなかで制作者たちが背負わざるをえなかった矛盾そのものでもあったのである。

フジテレビでは、新設の「フジプロダクション」に出向を命じられた制作スタッフのうち、岡田太郎のドラマ班全員約三〇人が出向を拒否して闘った。大野木直之のように「一時は退社まで考えた」もののも少なくなかった。制作条件の切り下げで自分たちの納得のゆく番組づくりができなくなることを、誰もがおそれたのである。

自ら進んで「テレビマンユニオン」を結成し、制作分離に協力する形になった萩元晴彦や村木良彦、今野勉らの立場は、さらに複雑で屈折に満ちたものだった。

テレビ・ドキュメンタリー「あなたは……」「日の丸」（萩元）、ドラマ「陽のあたる坂道」（村木）、「土曜と月曜の間」（今野）などで、ともに現実と深くかかわりあいながらテレビの新しい創造表現を追求してきた彼らは、当時、心ならずも自由な制作活動の場を奪われていた。萩元晴彦と村木良彦は、六八年三月の「TBS成田事件」でテレビニュース部（萩元）と編成部スタジオ課に〝配転〟され、今野勉もまた処分こそなかったが、「つくるドラマが難解だ」との理由で、制作現場を事実上追われた形になっていた。

彼らは、放送労働運動のうえでも、「テレビ＝表現での闘い」と「放送の変革」をラディカルに問おうとする〝マスコミ反戦グループ〟の立場に立ち、民放労連の路線と鋭く対立して孤立していた。とくに、六八年のTBS闘争とその敗北は、彼らに企業組織内での制作活動の限界を思い知らせ、放送労働運動に依拠した内側からの変革の展望を失わせた。彼らは、テレビ局経営者が制作分離・プロダクション化にあたって、社内の第一線制作者のなかから有能な人材を求めざるをえない矛盾をいわば逆手にとって、そこに企業からの自立と主体的な表現獲得の可能性に賭けたのである。彼らのなかには、テレビ界が「急テンポの技術革新に伴って従来の企業形態の根本的変容を強いられ、他方では社会的・文化的激動の中でテレビジョンに職業としてかかわる基本的な論理が根底から問いかえされている」（一九七〇年二月二五日のテレビマンユニオン設立「挨拶状」から）との状況認識があった。

制作費の削減、スポンサーや権力の規制等……。「きびしい状況はあるにしても、テレビ制作者が真に創造的でありさえすればその壁は破っていける」というのが、彼らの主張だった。そのために、自立した制作者集団にふさわしい組織原理と自主管理システムにもとづく組織づくりをめざしたのである。

だが、萩元らの「テレビマンユニオン」結成に対しては、「勇気ある試み」「制作者の自立」として一部から拍手が送られる一方で、「『反戦』ディレクター、民放『合理化』に協力」（一九七〇年三月二一日付「赤旗」）など、民放労連や革新勢力からは厳しい批判が集中した。

事実、制作分離＝ビデオ制作プロダクションの登場は、番組制作条件に大きな変化をもたらした。まず、制作者がきびしくコスト管理を迫られ、制作時間もそれまで一時間ドラマに三〇時間近くかけていたものが、長くて二〇時間どまりで仕上げることを求められるようになった。そうした制作条件の悪化は、テレビ局の制作現場にも跳ね返ってきた。

競争原理の導入によって、たしかに番組制作に刺激や緊張関係が生じたことは事実だった。テレビマンユニオンの一連のドキュメンタリードラマ（「天皇の世紀」「欧州から愛をこめて」など）や三時間ドラマ（「海は甦《よみが》える」など）がテレビ界に与えたインパクトは、確かに大きかった。しかし、それは、単に制作分離や競争原理の導入によってもたらされたというより、むしろ独自の組織原理に支えられたテレビマンユニオンの自由でしなやかな創造精神と、常に高い声価を保持するための血のにじむような苦闘に負うところが大きかったというべきだろう。そのために、テレビマンユニオンの制作者たちは、きびしい制作条件に耐え、またテレビ局や代理店、スポンサーへの企画売り込みという営業上の努力をも払った。また、発足三、四年目には月給制を出来高制に変えたり、賃金を、一律三〇％カットするなど経営上の試練も経験したのである。

半面、制作分離をめぐっては、制作条件の低下以外にも、さまざまな弊害が表面化した。

第一に、テレビ局では、従来、営業、編成、制作が、それぞれ対等の立場で互いに自らを主張しながら、その緊張関係のなかで番組を作り、放送をおこなってきたが、プロダクション化は、この三者の関係を、巨大な権限をもった発注者（テレビ局）と、従属的立場の受注者（プロダクション）の上下関係に変えた。その結果、制作の側の主体性とチェック機能が低下し、これまで以上に視聴率原理が一方的にまかり通ることになった。一九七〇年にフジテレビ、七一年には日本テレビに「目標視聴率」制度が導入され、フジテレビでは七九年一〇月からすべての制作プロダクションとの契約に「視聴率が目標を下回ったら、番組打ち切りを協議する」との目標視聴率条項が盛り込まれた。これらは、その後、いずれも破綻することになるが、視聴率原理に立ったこの強力な番組のタテ割り管理体制の確立は、番組から多様性を失わせ、企画の画一化、創造性の低下など数々の弊害を生む原因となった。

第二に、企画と制作、制作と技術、テレビ局の正社員とプロダクション制作スタッフ（社員、派遣社員、アルバイト）、などの間のチームとしての一体性や対等な関係が失われ、番組から個性が消えた。また、プロダクションが複数テレビ局と横断的な受注関係をもつようになった結果、テレビ局自体の個性も希薄になった。

第三に、低視聴率で番組が途中で打ち切りになると、プロダクションのリスクが大きいことから、企画がいきおい安全第一主義に傾くことになった。そのため、人気タレントの組み合わせで、ヒット企画を模倣した類似番組が氾濫する結果になった。

第四に、プロデューサー、ディレクター、作家、タレントなど人材の計画的な育成と番組の潜在的制作能力の開発がなおざりにされた。

第五に、中間マージンの介在によって、番組にかける実質的な制作費が低下した。また、テレビ局員と下請けプロ労働者の賃金の二重構造も深刻な問題を投げかけることになった。

この間、プロダクション内部にも、制作時間の過度の切りつめに対する反省が生まれた。またテレビ局自体も、視聴率の急激な低下を契機に、制作分離に対する一定の見直しを迫られることになった。番組というものが、人間の文化創造の所産であり、表現の自由の産物であって、その担い手たちの内発的な問題意識や創造意欲、さらに職能的蓄積などを抜きにして、たんなる採算主義や競争原理だけではつくりえないことが、〝事実〟によって証明されたのである。

## ■相次ぐ制作分離の撤回・見直し

一九七八年八月一日、テレビ朝日（NETを改称）は、この日を期して七年間つづいた〝報道分離〟を白紙に戻し、「テレビ朝日映像」（NET朝日制作を改称）の報道部門を吸収一本化して、報道局を復活した。これに伴い「テレビ朝日映像」に出向していた報道部員と「テレビ朝日映像」の社員、アルバイト一五八人がテレビ朝日に移り、同テレビの報道局は二七〇人の陣容で再出発することになった。

そして、一九八〇年に入って、民放の制作分離政策は、より劇的な形でその〝破産〟を宣告されることになる。

八〇年五月一日、フジテレビは、この日を期して制作分離を全面的に白紙に戻し、九年ぶりに制作局を復活した。その結果、フジプロダクションなど関連プロダクションに出向その他の形で配属されていた約三〇〇人（制作分離以前からの人員も含む）の制作者たちが全員、フジテレビに復帰することになった。制作分離は、完全に破綻したのである。かつて視聴率順位で東京キー局の三強一弱の〝強〟にランクされていた同局が、連続最下位に低迷し、「売り上げについても利益についても、売り上げの伸長率についても、最悪の事態」（一九八〇年五月二日、全体会議での鹿内信隆会長の訴え）に落ちこんだ――その追いつめられたすえの「メンツを捨て」（某重役の言葉）ての〝決断〟であった。

翌五月二日、全社員を集めて開かれた緊急全体会議の席上、鹿内会長は、「フジテレビは出直そう」と強く社員の奮起を促した。それは「諸君たちは何ら反省がないのではないか」と下部への責任転嫁の響きに満ちたものだったが、同時に制作分離の失敗を事実上みとめ、①テレビの原点である番組制作を最重点に先行させる、②明朗にして活力ある社内の空気を醸成する、③新しいニーズに合った制作体制を整備する、の三目標を打ち出していた。この三つは、とりもなおさず、制作分離政策によって社内から失われていたものだったのである。

制作分離の破綻は、実は発足後早くも二、三年ごろから、だれの目にも明らかになっていた。七四年五月六日、フジテレビの東出三郎・編成業務本部長は同本部全体会議の席上、制作分離への失望感を次のように告白している。

「放送企業の商品は番組であり、わが局の番組には〝勢い〟というものがなく、これは現行のプロダクションの受発注に問題があると考えている。制作プロの独立化、制作部門分離の狙いは、自由競争による番組の質的向上においたが、私が考えるところ、これは頭の中で描いてきた〝幻影〟にすぎなかった」（民放経営特別取材班「フジテレビの〝政変〟の研究」『放送レポート』一九八〇年九月号）。

フジテレビ立て直しのため出向先のテレビ新広島（副社長）から呼び戻され、制作局担当として一〇年ぶりにカムバックした村上七郎専務は、制作分離の失敗について、「コスト管理だけが先行し、《制作者は何を作りたいのか》という現場からの盛り上がる意欲が押さえられたところに問題がある」と指摘している。彼が真っ先に指示したのは、社内に張り出されていた視聴率のグラフを取り払うことだった。そのモットーは、①テレビはショービジネスであり、制作者は「何を作りたいのか」という現場の意欲から出発して、はじめていい番組ができる。②自己規制を一切廃し、自由に作りたいものを作れ。他局のマネをするな。③管理を廃止しよう。規律はモラルの問題だ——の三点だった。

こうした方針転換の中から、ドラマ「北の国から」、情報番組「なるほど！ ザ・ワールド」など、それまでなかった新しいタイプの番組が次々と生まれ、育っていったのである。「北の国から」（倉本聰・脚本、中村敏夫・制作）の場合は、プロデューサーの中村が長年、深く心に温めていた企画だった。もし社の方針転換がなければ、北海道の大自然を舞台に時代の風潮への批判的メッセージをこめたこの感動のドラマは、疑いもなく陽の目を見ずに終わっていた。制作スタッフ、作家、出演者が一体となって情熱をこめて作りあげた作品が、人びとの心を打ったのは、ある意味で当然だった。

もともと、テレビのようにジャーナリズムと文化創造にかかわる仕事は、職場に自由が保障され、また制作者たちの間に内発的な職業的エトスと現実に対する鋭い問題意識があってはじめて、すぐれた企画が生まれ、いきいきとした番組が育つ。テレビとは、技術や組織に支えられる部分がきわめて大きいとしても、窮極において、それをになうのは〝人間〟なのである。その肝心かなめの事実を忘れて、合理化と「管理」のみを先行させたところに、現場の創造意欲減退の最大の原因があったというべきだろう。

その点で、同じプロダクションでありながら、テレビマンユニオンが、全員株主、社長・役員の選挙制という自立した制作者集団にふさわしい組織原理と自主管理方式によって、制作者たちの創造力を活性化することに成功しているのは、今後のテレビ局のあり方に多くの教訓を投げかけている。

しかし、同時にそのことは、それが番組制作の半ば以上を外部プロダクションに依存している民放テレビ自体の構造的問題点や外注化・下請け化システムそのもののもつ弊害を全面的に解決に導くものでないことも、また明らかである。テレビマンユニオンの〝実践〟のもつ積極的側面は、プロダクションの限界や制約にもかかわらず、それを乗り越えていく制作者のプロフェッショナリズム＝主体的営為にあったが、当然、その「限界」や「制約」がもつ矛盾自体を免れることはできなかった。

問題の根は、もっと構造的な部分にある。その意味で、制作者の職能的自立とともに、テレビの社会的使命に見合ったシステム（仕組み）そのものの改革が、あわせて共通の課題として追求されなければならないのであった。

## 4　せめぎあい、そして……

マスコミ経営者は政府に屈服したが、労働者たちは新聞労連、日放労、民放労連、出版労連、映演総連、広告労協など八団体で構成するマスコミ共闘会議（後にＭＩＣと改称。上田哲議長）を結成し闘った。その闘いは第一に政府の言論弾圧の実態を詳細に国民に伝えるために一九六八年『激動するマスコミ』、六九年『マスコミ一九七〇』、七一年『マスコミ大国を批判する』、七二年『知る権利への証言』、七三年『操作されるマスコミ』を相次いで発行し、ともに闘うことを訴えたものだった。これらの執筆には、日放労や民放労連などのジャーナリスト、制作者たちがあった。

こうしたマスコミ労働者の共闘の流れに大きく水をかける形になったのは、日放労からの上田哲名誉委員長の失脚（辞職）事件だった。上田哲は日放労の委員長で、一九六八年に社会党公認で参議院選挙全国区から出馬し、当選した。一九七六年八月、小野吉郎ＮＨＫ会長がロッキード事件で逮捕・保釈された田中角栄元首相を見舞い大問題となった。もともと小野は田中角栄の腹心で、元郵政事務次官のいわゆる〝天下り官僚〟である。この事件をきっかけに、日放労はその全国組織と傘下のマスコミ市民会議の総力を結集して、短時日の間に一二八万人分の小野会長辞任要求署名を集め、小野会長を辞任に追い込んだ。さらに運動の代表者がＮＨＫ経営委員長に直接面談して次期会長の人選について要望を伝えるなどしたが、こうした動きにNHK出身の水野清・自民党国会議員などのグループの間で危機感が強まっていた。

一方、エンタープライズなどNHKの子会社を使ってNHKに認められない営業活動をおこない、その収益の一部をNHKに還流させることでNHKの財政基盤を強化しようとする経営構想をいだく島桂次報道局長（当時）らのグループの間でも、この構想実現に障害となる日放労の上田哲氏を名誉委員長（七七年の日放労中央大会で名誉委員長となっていた）の座から引きずり降ろそうとする動きがあった。

一九八一年二月四日、NHKのニュース看板番組「NC9」で放送を予定していた「ロッキード事件五年～田中角栄の光と影」という約一五分の特集が、突如、業務命令で放送中止になる事件が起きた。いわゆる「ロッキード・三木発言カット事件」である。

ロッキード事件は、田中角栄首相がロッキード社から五億円を受け取り同社の航空機の売り込みに便宜をはかったとして、受託収賄の罪に問われた事件である。現職総理の汚職として社会的にも大きな反響を呼んだ。この企画はロッキード事件から五年たったのを機会に、裁判経過やその後の政界での田中の影響力についても触れるはずだった。

ところが、放送直前になって島桂次報道局長（当時）が、放送の全面中止を命じてきたのである。政治、社会の両部長は「企画は現場で討議を重ね、提案会義という公式の場で通ったもので、中止は現場に混乱をもたらし活力をそぐことにもなる」と予定通り放送を主張、局次長の多くも同調したが、島局長は考えを変えず、最終的に三木元首相のインタビュー部分をカットして放送することで決着がついた。

　このカット事件は、報道局内に憤激の嵐を呼び起こした。社会部の部会では、この責任について明快な報道局長の見解を取りつけるように部長に要求。日放労の政治、社会、報道番組三分会でも「ロッキード事件報道の基本姿勢にかかわる問題」として直ちに団交をおこない、局長、部長の責任を追及した。関係三分会はその後も連日、連夜に及ぶ団交を繰り返し、それ以外の報道各分会も相次いで団交に入った。とくに社会部では、部員の総意として、部長はじめ全管理職デスクが島局長と会見することを申し合わせ、政治部などのデスク会もこれに同調した。現場の部長、管理職デスクがそろって局長と会い抗議するということは、きわめて異例なことだった。

　こうして報道局内は約二週間にわたって紛糾、混乱が続いた。当初、「編集判断だ」と突っぱねていた島局長も、部長、デスクまで一体になった現場の抗議の前に、「厳しい批判があることは認識している。現在の事態のなかで考えれば他の判断があったとも考えられる。ロッキード事件の矮小化・風化などは毛頭考えていない。現場の創造性と主体性を生かし通常の業務手順を尊重する」との局長判断を出し、現場もこれを実質的な謝罪と受け止めて一応、落着した。

　こうして事態は一応、決着したかにみえた。ところが、その五か月後、三木発言カット事件で管理職の中心になって業務命令の撤回を求め、報道局長に迫った部長やデスクが、人事異動でそろって職場を追われることになった。あからさまな報復人事だった。

# Ⅱ　新聞とテレビの系列一本化

## 1　東西のネット組みかえと三つ巴の「力学」

一九七四年一一月一九日。それは朝から国鉄と私鉄の労組が全国一斉ストライキを打ち、そのなかで前日訪日したフォード米大統領の各種歓迎行事がおこなわれるという、あわただしい一日だった。

その日の午後、東京と大阪では、新聞・テレビ系列の再編成につながる重要な新聞発表が同時におこなわれた。記者会見は何らの予告もなく、当日になって突然、TBS、NET（現・テレビ朝日）、毎日放送、朝日放送（大阪）の四社から緊急に持ち込まれた。

内容は東京と大阪のテレビ・ネットの組みかえ（俗にいう〝腸ねん転〟の解消）に関する正式発表だった。TBSの発表文は次のような簡単なものだった。

〈東京放送（TBS）は、大阪地区におけるテレビネットについて朝日放送（ABC）、毎日放送（MBS）両者と協議の結果、明年四月の新編成を期してネット局を従来の朝日放送から毎日放送へ変更することに合意した。テレビ開局以来極めて緊密な協力関係を保持された朝日放送に対し、深く謝意を表するとともに、今回新たに五社連盟並びにJNN組織に参加される毎日放送に協力し、一層ネットワークの強化と発展に努力したい〉

つまり、一九五六（昭和三一）年以来、一八年にわたって続いてきたTBS―朝日放送、NET―毎日放送のネット関係を解消し、翌七五年四月からTBS―毎日放送、NET―朝日放送という新聞資本のつながりを軸にした結びつきにネットワークを再編成しようというのが、この発表の意味するところだった。

この突然の発表が民放界、新聞界に与えた衝撃は大きかった。関連四社の社員の間でさえ、それは青天《せいてん》の霹靂《へきれき》として受けとめられた。それほど事は隠密のうちに、ごく限られた首脳部の間だけで進められたのである。

もちろん、その年の春（七四年四月）、朝日、毎日、読売、日経の新聞各社の間で、在京キー局の持ち株の交換がおこなわれ、NET＝朝日、TBS＝毎日、日本テレビ＝読売、東京12チャンネル＝日経と、東京民放テレビ・キー局における全国紙の単一株主化（フジ＝産経は以前から単一株主）が実現したときから、この東京―大阪間のネットの改変は「時間の問題」とはみられていた。しかし、これほど早くそれが実現するとは、だれも予想だにしなかった。

当事者の朝日放送社長・原清ですら、のちにみるように、発表の一〇日前には「当分このままで行きたい」とTBSの諏訪博社長に答えていたのである。

なぜなら、視聴率、業績とも民放界随一を誇るTBSと朝日放送（大阪）のネット関係は、そう簡単に解消できない理由があった。というのは、朝日放送にとって、民放界最強のネットワーク（加盟二五局）をもつTBSと袂《たもと》を分かち、視聴率、業績、系列局数（同八局）とも最下位にあるNETとネットを組むことは、みすみすそれまでの優位な立場を放棄するに等しかったからである。事情は、大阪で業績一位の朝日放送とパートナーシップを組むTBSにとっても、同じだった。

では、なぜ、そうした当面の利害をあえて度外視してまで、ネット改変はおこなわれることになったのか？

実は、そこには、①激烈化する販売・広告競争を背景にテレビとの強力な提携と一体的経営をめざす新聞資本の強い要請、②新聞・テレビの資本系列一本化（いわゆる「田中構想」）を〝マスコミ対策〟の柱とする田中角栄（自民党幹事長を経て首相）の強力なバックアップ、そして③それらの動きに放送の新聞からの自主・独立（「放送モンロー主義」）の大義名分で対抗しようとしたTBS・毎日放送の巻き返し――という三つ巴《どもえ》の「力学」が働いていたのである。

## ■朝日のメディア戦略を角栄が後押し

「――大変ごぶさたしました。ここに来ると故郷に帰ったような気持ちがいたします」

一九七二年七月二一日。田中角栄が内閣総理大臣に就任して一四日後である。彼は民放連の会員協議会に出席して、こうあいさつした。一五年前、彼は三九歳の若さで郵政大臣のイスを射止め、民放テレビ局を一挙に三四局もふやす大量免許をやってのけて、テレビ時代を出現させた。〝テレビ・電波界のゴッド・ファーザー〟としての彼の地歩は、このときを出発点として培われたのである。

このあいさつのなかで、彼は次のような口約めいたことをほのめかした。

「私は民放界に二つやり残したことがあると思っています。一つは、NETと東京12チャンネルにかせられた足かせをはずすこと、いま一つは、東京と大阪の間のネジレをなおすことです……」

田中角栄の年来の持論である、いわゆる「田中構想」は、民放テレビ系列を五大新聞の資本系列に一本化・再編成しようというものであった。ここで田中があげた二つのことは、いわばそのための欠かせない段どりにほかならなかった。

NETと東京12チャンネルから教育専門局のハンディキャップを取り除き、東京の民放テレビ五局を同一ラインに並ばせることは、新聞・テレビ系列一本化の前提条件であり、大阪地区でのネットの「ねじれ」(TBS―朝日放送、NET―毎日放送)を〝解消〟することは、その構想の仕上げを意味していた。

ここで、テレビ局と新聞の関係に目を転じておこう。広く知られているように、新聞は民間放送設立の当初から資本的にも人的にも深く放送事業にかかわってきた。しかし、テレビに関する限り、日本テレビ―読売テレビが読売系、フジテレビ―関西テレビが産経系と、両新聞系列が単一化しているのに対して、TBS（毎日新聞、朝日新聞、読売新聞三社が資本参加）―朝日放送、NET（朝日新聞、日経新聞が資本参加）―毎日放送はテレビ局と新聞資本の関係が入り組んでいた。朝日新聞と毎日新聞は明らかにテレビへの対応という点では後手に回っていた。とりわけ、朝日新聞の立ち遅れが目立った。そして、その遅れをとりもどす最初のチャンスが、一九六五（昭和四〇）年のNETへの資本参加だった。

このとき、朝日は、NETテレビの〝お家騒動〟に乗じて、東映の大川博社長が買い集めた株の半数を譲りうけ、日経新聞、旺文社、東映と肩を並べる大株主（持ち株は四者それぞれ一〇％強）として東京地区のテレビ局に橋頭堡を築くことになった。朝日と東映の大川社長の結びつきを斡旋したのは、大川と新潟同郷の田中角栄だった。

一方、毎日新聞とTBSとの関係は、もっと複雑だった。というのは、一九五一（昭和二六）年、TBSの前身であるラジオ東京が発足するにあたって、当時、競願《きようがん》していた有力四社―朝日放送（朝日）、ラジオ日本（毎日）、読売放送（読売）、東京放送（電通）が合併、資本的にも、またニュース提供（「三社ニュース」）の面でも、以来、TBSは朝日新聞、毎日新聞、読売新聞三社に対し「等距離」の関係を保ってきたからである。

もっとも、人的なつながりでいうと、前身のラジオ東京が当初、有楽町の毎日新聞社の一角を間借りしていた関係や、二代目社長となった鹿倉吉次《きちじ》が毎日新聞出身者だった事情もあり、重役陣に森本太真夫（元・専務）、光田善孝（元・取締役）、橋本博（元・副社長）ら複数の毎日新聞出身者が入っていたのは事実である。だが、それはTBSと毎日新聞の特別な関係を必ずしも意味するものではなかった。彼らは「毎日」本流から、むしろラジオに〝左遷・放出された〟戦後新聞民主化運動の元活動家たちだったのである。

それだけでなく、TBSにとって、朝日新聞、毎日新聞、読売新聞三社と「等距離」の関係を保ち、いずれの系列にも属さないことは、新聞資本に対し自主独立の立場を堅持するうえで積極的な意味をもっていた。今道潤三は社長、会長の時代を通じて、しばしばこの新聞からの放送の「自主独立」の重要性を強調した。

もともと、現行の放送関係法制は「放送局開設の根本的基準」（省令）の第九条の通達のなかで「マスメディアの集中・独占の排除」をうたい、ラジオ、テレビ、新聞三事業の兼営、経営支配を原則として禁じている（拙著『ドキュメント放送戦後史 Ⅱ』双柿舎、一九八一年、二〇四ページ）。その精神からすれば、メディアの分立と多元化こそ国民にとって望ましく、新聞と放送の資本系列化は、明らかにその「集中排除原則」に逆行するものだった。

そのことは、大阪での〝腸ねん転〟と呼ばれたテレビ局の組み合わせについても同様であった。〝腸ねん転〟というのは、あくまで新聞系列の立場に立っての見方であって、民放テレビを新聞から自立した存在としてみれば、それは不自然どころか、放送の自主性、独立性の証しにほかならなかった。

にもかかわらず、新聞とテレビの資本系列一本化・一体化は、強力に推し進められた。

それは、第一に、テレビと野球（巨人軍）を武器に新聞の部数拡大をはかる読売新聞に対抗して、朝日新聞がテレビ局経営とテレビ系列強化に執念を燃やし、親会社としての発言権や政治的働きかけを通じて系列化工作を強力に推進したからである。

第二に、田中角栄が、その新聞・テレビ系列化を政治面、行政面から強力にバックアップし、仲介したためであった。

## ■資本関係の単一化からネット系列の単一化へ

新聞・テレビ系列化の第一ラウンドは、朝日、毎日、読売、日経の各新聞資本と、在京テレビ四社（NET、TBS、日本テレビ、東京12チャンネル）の間の入りくんだ持ち株状況を整理し、資本関係の単一化をはかることだった。そのきっかけとなったのは、NETと東京12チャンネルの一般局への移行であった。

一九七三年一一月一日、郵政省は免許更新を機会に、それまで〝教育専門局〟〝科学技術教育専門局〟だったNETと東京12チャンネルを一般局に移行させた。田中首相が、前年の七月、民放連の会員協議会で口にした〝やり残したこと〟の一つ、「NETと東京12チャンネルにかせられた足かせをはずす」という懸案が、まずここで実現されたわけである。

それは、ただちに、朝日＝NET、日経＝東京12チャンネルという形の資本関係の単一化に発展することになった。というのは、日経は、一九六九年一一月以来、東京12チャンネルの経営を引き受けていたが、同局の再建には一般局化が不可欠であり、再建のあかつきには、NETから資本を引き揚げて、あとを朝日にまかせるというのが、仲介に立った田中角栄の出した一般局化の条件だったからである。

もともと日経は、NET創立時からその経営に新聞単一株主として参加していたが、朝日が途中から資本参加して以来、その立場は非常に微妙になっていた。当時極度の経営不振に陥っていた東京12チャンネルを引き受けるについては、「財界首脳や、また政界筋からも……要請が繰返し行われ」「政財界からの要請がきわめて強かった」(『日本経済新聞社百年史』三三八ページ)という事情があった。その結果、「経済に関する総合情報機関」をめざすうえで電波媒体の中核をなすテレビ事業を日経グループにもつことは積極的な意味がある」(同)との大局的判断に立って決断がおこなわれた。

東京12チャンネルは、一般局移行と同時に、従来の財団法人「日本科学技術振興財団」(会長＝倉田主税《ちから》・日立製作所社長)から独立して、株式会社「東京12チャンネル」(社長＝佐藤良邦・前日経常務・大阪本社代表＝資本金三〇億円)として再発足した。NET、東京12チャンネル両局の一般局への移行は、在京の民放テレビ五社が同一のスタートラインに立ったことを意味していたが、それはまたテレビが新聞資本系列を軸に、大きく再編成されていく第一歩にもなった。

一一月一日の免許当日、原田憲郵政大臣は、日経新聞の大軒《おおのき》順三専務と朝日の中川英造専務をそれぞれ個別に呼び、まず日経新聞に対し「同一地域においてテレビ局の複数支配は好ましくないので、ＮＥＴの持ち株を手放すように」と勧告、朝日にも同趣旨の勧告がおこなわれた。

こうして、同年暮から四月にかけて、日経新聞がＮＥＴの持ち株約五二万株（二二％）を朝日に譲渡（旺文社と折半、朝日新聞への譲渡分は約二六万株）して、ＮＥＴから撤収、代わって朝日新聞は約八〇万株（三三％）を手にしてＮＥＴの新聞単一株主（筆頭株主）となった。また朝日新聞、毎日新聞、読売新聞の間でも、三社が保有するＴＢＳ、日本テレビ両社の株式が譲渡交換され、毎日新聞がＴＢＳの株の一〇・一五％（約一二三三万株）をにぎって、その筆頭株主（新聞単一株主）にのし上がった。

こうして、従来から単一の資本関係にあった産経＝フジテレビ（フジテレビが親会社）を加え、朝日＝ＮＥＴ、毎日＝ＴＢＳ、読売＝日本テレビ、日経＝東京12チャンネルの形で、五大全国紙と民放テレビネットワーク各キー局の間の資本系列一本化が実現することになったのである。

資本系列の一本化は、テレビ局のクレジット・ニュースなどに、ただちに変化をもたらした。毎日新聞は、七四年三月三一日付の朝刊社会面に三段抜きで「ＴＢＳの毎日新聞ニュース　四月から連日放送」と社告を掲載した。従来、ＴＢＳでは、〝三社ニュース〟として朝日新聞、毎日新聞、読売新聞三社提供のニュースを交互に流してきたが、今後はそれが毎日新聞一社の提供ニュースになるという知らせである。それと合わせて、日本テレビで毎週月、木曜に放送されていた毎日新聞ニュースが廃止された。

新聞社名をつけたクレジット・ニュースは七四年四月からＮＥＴは朝日新聞、ＴＢＳは毎日新聞、日本テレビは読売新聞というように、それぞれ一元化されることになった。

東京地区での新聞とテレビの系列化が実現した以上、残るは大阪地区でのネット問題、いわゆる〝腸ねん転〟の解消にしぼられてきた感があった。

ここでも、積極的にイニシアチブをとったのは朝日新聞だった。働きかけを受けた大阪の朝日放送の方は、現実的利害からネット改変には終始、消極的だった。朝日放送社長の原清は、七四年一一月二五日、全社員を集めておこなった〝懇話会〟の席で、ネット改変にいたる経緯を詳しく報告している。それによると、朝日放送に対する朝日新聞からのネット変更の働きかけは、一九六五年、同新聞がNETに資本参加したときからすでに始まっており、とくに七三年末、NETで朝日が新聞単一株主になって以来、一段と強まってきたという。

朝日放送では、そのつどNETが弱体であることを理由に要請を拒んできたが、ついに断りきれなくなった。原社長はいう。

「今年（一九七四年＝筆者）の四月二五日になりまして、広岡朝日新聞社長が、私に、話があるからぜひ会ってほしいという申し入れがありました。そのときの話では、朝日新聞のほうでは、かねてから朝日放送の言われておったような、いわゆる株の整理もした。NETの中の機構ならびに人事を含む整備も着々と進んでいる。それから業績も上ってきた。社名をこんど〝東京朝日放送〟というふうに変える。（中略）何とかこの際、朝日放送とNETをつなぐ線を完成さして欲しいという申し入れがありました」

「私どもは、この申し入れを受けまして、社内で緊急会議をいたしましたが、結論としては、朝日新聞と朝日放送との関係というのはそもそもの誕生のときから、他の放送局、他の新聞社との関係とは非常に違うところがある。だから、……拒否するわけにはいかん。つまり、長いスパンでものを考えて、朝日放送は朝日新聞のネットワーク政策に協力いたしましょうという基本線をまず出したわけです」（一九七四年一一月二八日発行『朝日放送社報』号外から）

協力の方針は決まったが、実行の時期は「すぐということは、とてもじゃないができない」ということで、それ以上話もつめず、そのままになっていた。

ここまでが、朝日新聞と朝日放送のペースだった。ところが、それ以後はTBSと毎日放送が主導権をとる。ネット改変がもはや避けられないとみて、先手をとり、逆に巻き返しに出たのである。それは全国紙がイニシアチブをとって進める新聞・テレビ系列一本化への〝放送独立派〟のささやかな反撃でもあった。

## ■新聞の手足をしばったテレビとの系列化

大阪での〝腸ねん転〟解消が決まったことで、いわゆる「田中構想」は、ほぼその目的を達成した。

だが、その〝腸ねん転〟解消の歴史的新聞発表からわずか一週間後の七四年一一月二六日、その生みの親で、強力な推進者でもあった当の田中角栄自身は、〝金権汚職問題〟で首相の座を失脚、「辞任」に追いこまれることになった。――なんとも皮肉な運命のいたずらだった。

しかも、それと並んで皮肉だったは、その〝田中金脈〟を明るみに出したのが、新聞やテレビではなく、『文藝春秋』という一雑誌であり、ひとりの無名なルポライター（立花隆「田中角栄研究」）だったことだった。その事実のなかには、限りない寓意《ぐうい》がこめられている。新聞は、事実を知らなかったわけではない。知ってはいたが、書かなかった。書こうという問題意識すらなかったのである。そして、そうした権力への監視機能の低下や〝なれあい〟による緊張関係の喪失が常態化したうらには、田中角栄一流のマスコミ操縦術（新聞・テレビ社屋用地への国有地格安払い下げ、放送免許での便宜供与など）があった。そして、さらにいうならば、電波メディア獲得のために権力にすり寄り、権力をあえて利用してきた新聞自身の「堕落」があったというべきかもしれない。

田中角栄が首相就任一か月半後の一九七二年八月二〇日、軽井沢の料亭「ゆうぎり」で新聞各社の〝田中番〟記者を前におこなった〝放言〟（いわゆる「軽井沢発言」）は、新聞の権力への〝借り〟が、いかに「高い借り」につくかを、すでにその段階で雄弁に物語っていた。

田中首相は、その席で酔いにまかせて放送免許や新聞社への国有地払い下げで、いかに新聞各社の面倒をみたかを自慢し、「私はマスコミ各社の内情は全部知っているから、その気になればコレ（と首に手をあて）だってできる」「記事を止めることもわけない。ちゃんと（中止するように）なっている」「社長のように（新聞社、放送局に）電話などしない。佐藤（佐藤栄作前首相）

も部長もどうにでもなる」と豪語したあげく、記者たちに「君たちもつまらんことを追いかけず、危ない橋を渡らなければ、私も助かるし、君たちも助かる」など暴言を吐いている。(「ついに出た庶民宰相の本音」『放送レポート』一九七二年一一月号ほか)

だが、面と向かって、これだけジャーナリズムを侮辱する「問題発言」を受けながら、これを記事にした新聞は一紙もなかった。つまり、代償にされていたのは、かけがえのない国民の「知る権利」であり、ジャーナリズム機関のレゾン・デートル(存在理由)ともいうべき「権力監視機能」だったのである。

それだけではない。新聞・テレビの資本系列一本化は、政府・自民党にとって、テレビを通じて新聞の手足をしばる一石二鳥のねらいを持っていた。新聞は「免許」を通じて政府に生殺与奪の権を握られている放送事業を資本系列下に収めることで、自らが免許当事者となり、政府の顔色をうかがう立場に身をおく羽目になったのである。

朝日新聞は、七五年三月三一日、朝刊一面に四段組の社告「電波による報道を強化」を掲載し、NET系列のテレビ報道番組に今後同社が全取材網をあげ、専門記者、海外特派員などを投入して協力体制をいっそう強化するという方針を明らかにした。事実、テレビのニュース解説やキャスター・ニュースに、系列新聞の論説委員や記者を起用する傾向が、この前後から各局で顕著になってきた。それによって、従来、手薄だったテレビ局の報道番組が充実し、解説者の層が厚くなったことは確かだった。

しかし、それは同時に、テレビ局の側に自前の報道陣の弱体さを系列紙のスタッフの力を借りてカバーする安易な行き方をも生むことになった。

系列化がメディアの多元性多様性の確保、地域に根ざした自治の育成という「集中排除原則」に逆行する、独占集中型メディアによる〝報道強化〟である事実にも目を向けておく必要がある。もともと「マスメディアの集中排除原則」は、言論・報道の自由、いいかえれば市民社会にとっての「知る権利」や言論の自由市場を、放送の分野において最大限に保障し、かつ拡張しようとする政策理念の表れだった。「電波三法」が確立した戦後の放送法制は、それを「放送局の開設の根本的基準」（一九五〇年電波監理委員会規則第21号、省令）と「一般事業者に対する根本的基準第九条の適用の方針」（電波監理局長通達、一九五九年九月二二日決定）、同「審査要領」（同）で規定してきた。いわゆる新聞・テレビ・ラジオの三事業兼営・支配の禁止と複数局支配の制限がそれである。

この集中排除規定は一九五七年の大量免許の際の審査基準を明文化したもので、「大衆情報手段の所有及び支配が……特定の者に集中することを避け」（第九条適用の方針）、また「放送が当該地域社会に対してより多様かつ公正な大衆情報を供給し、言論情報の自由市場の形成伸長に役立（つ）」（同・説明）ことを趣旨にしている。①放送の多元性・多様性と地域性の確保、②自由な言論報道市場の形成発展が、この集中排除規定の大目的なのである。

ただ単なる「放送の多元性・多様性」ではなく、それによる「自由な言論報道市場の形成伸長」や「地域に根ざした放送の育成」が、ここでは眼目になっている点が重要だ。「適用の方針」には、次のような説明が明記されていた。

「一般放送事業者の放送にあっては、それが国民全般に共通の放送に対する一般的要望に応えるほか、とりわけ当該地域社会特有の要望を満たすこと、及び、個々の放送局はその局独自の意思によって運営されることが必要である。すなわち、放送のローカル性及び独自性を発揮すること。……当該事業者以外の放送事業者の意思から独立したものであることが確実でなければ、放送の公正な普及は期し難い。本来、わが国の放送制度において、放送の全国的普及を義務づけられている日本放送協会のほかに、一般放送事業が認められている趣旨は、日本放送協会の行なう放送を除いては、全国を通じて公的たると私的たるとを問わず特定の者の単一の発意又は統制の下に放送局が開設され又は運営されることを避け地域ごと及び申請者ごとに異なることとあるべき目的及び発意に応ずる放送が行なわれることにあると考えられる……」

この「集中排除原則」確立に中心的役割を果した電波監理局長・浜田成徳《しげのり》は戦後占領期、「放送委員会」の委員長として宮本百合子、岩波茂雄らとともに放送民主化に重要な役割を担ったユニークな経歴の持ち主で、東北大学教授在籍のまま電波監理局長をつとめた点でも、また無類の硬骨漢、リベラリストとしても型破りな官僚だった。「新聞、放送など言論・報道機関の独占集中が戦前の言論統制に道を開いた。その教訓から何も学べないようでは戦争に負けた甲斐《かい》がない」というのが彼の信念で、事実、彼は「新聞と放送を分離することが、マスコミの公共性の見地からみて望ましい」との談話を発表(一九五七年四月)して、新聞から猛反発を受けている。

いずれにせよ大事なことは、この「集中排除原則」には、民主主義社会の根幹をなす言論報道の多元性・多様性とそれによる言論情報の自由市場の確保、そして言論情報の中央集権的支配を排して地方自治の精神に根ざした地域独自の放送を育てようという理念がこめられていた事実である。

問題は、こうした「マスメディア集中排除原則」の理念が、五大全国紙の新聞・テレビ一体化戦略や社長自ら先頭に立っての政府・与党への裏工作、それに呼応する形で進められた政府・自民党のマスメディア〝取り込み〟政策によって掘り崩され、歪められていったことにあった。

免許行政は、本来の「情報民主主義」のためにではなく、いわばマスコミ対策や国家の情報産業政策の道具に使われた。

そのために政府・与党は、膨大な身代わり免許申請、第三者名義を使っての「持ち株制限」違反、公文書虚偽記載など大新聞やテレビ局の公然たる法令違反をあえて見逃してきたのである。

後年、『週刊ポスト』(二〇〇四年九月一〇日号)の暴露記事がきっかけで、こうしたテレビ免許にからむ新聞・テレビ各社の膨大な「持株制限違反」や「虚偽記載」の実態が明るみに出てマスコミ界を揺るがす大問題に発展した。

総務省が急遽、第三者名義の虚偽記載を含めて新聞、テレビ各社に〝自主点検〟と修正申告を求めたが、第三者名義の「虚偽記載」と「持ち株制限超過」は朝日新聞、日経新聞、フジテレビ、産経新聞、毎日新聞、読売新聞、日本テレビなど軒並みに及び、「持ち株制限超過」は全国五〇社、「虚偽記載」までふくめると実に二〇〇社に達した。

それらはすべて以上みてきたような「集中排除原則」空文化の過程で〝目こぼし〟されてきた暗黙の「法令違反」にほかならなかった（拙稿「〝持株制限違反〟の裏に潜むもの」『放送レポート』二〇〇五年三月号参照）。

## ■情報独占とメディア腐食の構造

ここでの問題点は、大きく三つある。

第一の問題点は、五大全国紙が系列キー局を通じてテレビの全国ネットワークをそれぞれ傘下に収めることで、国際的にも例をみない言論・情報の寡占状態を作り出したことである。

メディアの集中化と複合化は先進資本主義国に共通した傾向である。しかし、日本のように発行部数三〇〇万～一〇〇〇万単位の巨大部数を誇る五つの全国紙を頂点に、新聞・テレビ一体のメディア寡占体制が確立している国は、先進資本主義国で他に例がない。

このメディアの独占構造は、次のような重層・垂直型構造を特色としていた。

第一は、日本新聞協会加盟全国一二九社（二〇一九年四月一日）が発行する日刊新聞総発行部数の五〇％以上のシェアを占める五大全国紙が、五大民放テレビ・全国ネットワークの基幹局（キー局および主要局）と資本面で支配関係をもち、その全国民放テレビ局のうち、独立系ＵＨＦ

局一一局を除いて、残りすべてが五大全国紙系ネットワークの系列下に組み込まれている。五大全国紙資本は、系列の地方テレビ局にも出資をおこない、社長など役員を送り込んでいるのである。

つまり、五大全国紙によるテレビ系列化は、キー局を頂点とした全国テレビ・ネットワークの情報独占と全国紙による新聞領域の情報独占とを一つに結び付ける役割を果たしているのだ。番組やニュースの大半を五大全国紙系列の東京キー局から受けるという中央集権型放送構造の確立は、中央集権型のNHK全国ネットワークに対して地方分権・地域密着型の民間放送を組み合わせ、相互刺激と相互補完をねらった戦後の電波三法の立法精神に少なくとも逆行していた。

地域向けの自社制作は平均一〇％以下という地方テレビ局の編成構造にも、多くの問題があった。

第二の問題点は、そうした言論・情報の寡占構造の頂点に立つ五大全国紙がジャーナリズム機関として政府に大きな「借り」（テレビ免許という利権の供与）を作り、権力に対するチェック機能を著しく低下させたことである。とくに新聞のテレビ分野への参入が、政府にとって新聞の手足をしばる一石二鳥のねらいを持っていた点が重要だ。新聞は放送事業に参入することで、免許の当事者となり、政府に生殺与奪の権を握られる立場になった。このことは、その後、新聞が総合情報産業への道（利潤追求主導型）を歩み、ジャーナリズム機能を後退させていったプロセスとも深く重なっていった。

第三に、それが権力に対するマスメディアのチェック機能を弱めただけでなく、新聞とテレビとの間にあった緊張関係をも失わせる結果になった。放送と新聞との間に存在したチェック・アンド・バランス（相互の抑制均衡）の関係が、いちじるしく低下したことは、この二つのマスメディアのもつ影響力が大きいだけに、国民の「知る権利」にとっても深刻な問題を投げかけることになった。かつて新聞のテレビ欄は、放送評論家の辛口批評の場であり、テレビのあり方、そしてときには政府の番組介入を厳しくチェックする場でもあった。だが、系列化によって、それは半ば系列局番組のＰＲの場と化し、紙面の性格を大きく変えていった。

こうしてテレビを実質上、支配下に組み込んだ新聞が、テレビとの連動（メディア・ミックス戦略）を通して激烈な部数拡大競争を展開し、情報と言論の独占状況をさらに進行させていった点を見落とせない。

## 2　ジャーナリズムの変質と劣化

### ■自由闊達さを奪った〝アカ攻撃〟

「独占はコミュニケーションの自由の敵である」

アメリカの高名なメディア研究者ウィルバー・シュラム教授はかつてこういう名言を残した。メディアの独占集中によって多元的で多様な言論が封じられ、自由なコミュニケーションに大きな障害をもたらす。それはまさに民主主義の敵でもあるのだ。一九六〇年代にはメディアの独占と並んでもう一つ自由なコミュニケーションの〝敵〟が力をふるった。それはジャーナリスト・制作者に対する〝アカ攻撃〟という思想攻撃だった。

六〇年代に日本でベトナム反戦運動が高揚したのは、メディアによる報道が大きな役割を果たしたと思う。そのきっかけとなった、毎日新聞のルポ「泥と炎のインドシナ」（一九六五年一月四日から三八回連載）や、続いて三月二〇日付の朝日新聞に、ルポ「ベトコン解放村にはいる」（当時、日本のメディアの多くは南ベトナム解放戦線を「ベトコン」と呼んでいた）が載り、ベトナム戦争の現地報道がつづいた。これらのベトナム報道のうねりは、アメリカと政府・自民党をいたく刺激した。それは、マスコミに対するかつてないむきだしの介入、干渉、弾圧を生み、多くの放送中止事件を引き起こすことになった。

最初に口火をきったのは、アメリカだった。アメリカのボール国務次官とマッカーサー国務次官補は、一九六五年四月七日、上院の外交委員会（非公開聴聞委員会）で「日本の朝日新聞と毎日新聞の編集局は共産主義者に浸蝕されている」と証言し、この〝ボール・マッカーサー証言〟は、同二九日のＵＰＩ電によって日本にも伝えられた。証言のなかには「朝日における共産主義者は二〇〇人」との発言もあった。

〝アカ攻撃〟が日本の世論とマスコミに対する心理的プレッシャーをねらったことは明らかだった。この議会発言は、日本のマスコミ界に大きな衝撃を与えた。この数字は日本の公安調査庁が提供したものだったが、きわめて根拠があいまいなものだった。

実は、朝日新聞の二〇〇人という数字は、日本ジャーナリスト会議がかつて機関紙「ジャーナリスト」に公表したジャーナリスト会議の会員数にほかならなかった。つまりジャーナリスト会議の会員を即共産主義者として決めつけるなどきわめて乱暴なものだった。当時毎日新聞の外信部長だった大森実によれば、大森実と朝日新聞の秦正流《はたしょうりゅう》外報部長が自民党首脳に呼びつけられて、公安調査庁の職員から渡された資料には、人数だけではなく、氏名までも明記されていたという（大森実『石に書く――ライシャワー事件の真相』潮出版社、一九七一年）。

日本の新聞では、共産主義者とレッテルを貼られることは、第一線の取材現場からはずされることを意味した。根拠があろうがなかろうが、共産主義者（アカ）のレッテルを貼られること自体がジャーナリストにとって大きな脅威だったのである。大手各紙の日本ジャーナリスト会議支部は、自己防衛のために軒並み支部を事実上解散した。それでも会員となるだけで〝アカ〟のレッテルを貼られてはかなわない、とかなりの人がジャーナリスト会議を退会した。

一九五五年以来のジャーナリズムの高揚期を支えたのは、レッドパージ後の御用組合から自主的労組への労組の自立と、そうした労組の存在によって社内での自由を保障された日本ジャーナリスト会議の企業の枠を越えた自由闊達なジャーナリスト職能運動の存在だった。その労組の方も企業の巻き返しによって御用組合への変化が進んでいた。こうして自由闊達な記者活動を支えた自主労組の存在とジャーナリト会議の活動の双方がこの時期に大きく変化した。報道現場からは自由闊達な議論が失われ、またアカのレッテルを貼られることを恐れて、権力をチェックする記事や時間と手間をかけた調査報道が姿を消した。この時期のジャーナリズムの変質と劣化の背景には、こうした事情があった。

一九五四年に新聞労連副委員長の原寿雄氏が「新聞を国民のものに」という方針を運動方針の中に明記し、続いて民放労連や出版労連などでも「○○を国民のものに」というスローガンが掲げられたが、前記のような〝アカ攻撃〟のもとで、この取り組みは実質上影の薄いものにならざるをえなかった。

■「発表ジャーナリズム」へ警鐘

一方、労組によるチェック機能の低下とジャーナリストによるチェック力の低下は、新聞社内での腐敗を生む結果にもなった。こうした内側からのチェック力低下は、新聞社内に不正や不祥事を生まずにはおかなかった。

一九八八年、リクルート・コスモス社未公開株収受による収賄事件が、竹下登内閣の崩壊という形で政権の中枢を揺るがすなかで、総合情報産業化推進の旗手的存在だった日経新聞の森田康《こう》社長が、問題のリクルート・コスモス社未公開株にからむインサイダー取引の責任をとって辞任、朝日新聞社でも同様の理由で経営幹部が引責辞任した。

森田社長は、新人記者を前に「君たちはジャーナリストではない。情報産業の優秀な情報マンたれ」と訓示して、当時話題を呼んだことがある。新聞の情報産業化の流れの中で、権力監視や社会正義の追求というジャーナリズム本来の精神は、軽視することが避けられなかった。

一方、この間政府側の記者発表技術も著しく巧妙化した。政府がてにをはさえ変えればそのまま記事になるような形で発表文書を交付し、それがそのまま新聞記事になるような状態が一般化していった。「発表ジャーナリズムの時代」(『デスク日記』の著者、原寿雄・株式会社共同通信社元社長の命名)という言葉は、こうしたジャーナリズム劣化の時代に対する大きな警鐘を意味していた。

## ■ここまできたか労使癒着の実態

労組の御用化について言えば、日経新聞では労働組合の委員長や編集出身の執行委員と会社の間で、労組の総評路線から労使協調の路線に変えていくことが密かに話し合われ、組合委員長も会社が決める動きが定着した。この問題を執行委員になって問題提起しようとした筆者に対して、組合委員長並びに編集出身の執行委員が立候補取り下げを強要した。筆者がそれを拒否すると、次は政治部長が先輩後輩の関係で話し合えと誘い出し、「私が責任を持って編集委員にしてやるから、立候補を取り下げたらどうか」とポストで釣る策に出てきた(拒否して二年執行委員を務める)。一九六九年のことである。

日経新聞では、デスクが「ジャーナリスト会議(JCJ)をやめた方がいい」と会員に肩たたきをおこない、またＪＣＪの支部活動では、特定の幹部会員を除いて、機関紙への署名や座談会への出席に身分がわからぬようペンネームを使うことが一般化した。言論の自由を最大に保障すべき新聞社内でこうしたことが常態化したことは、由々しいことと言わねばならない。

この出来事からほぼ一〇年後の一九七九年末に、筆者は、信じられない労使癒着の実態を目撃することになる。大学で一年先輩の阪口昭論説委員長と赤坂で食事の後、彼の知るクラブで酒を飲んでいる時に、阪口と同期の鶴田卓彦《たくひこ》労務担当重役が、労働組合の執行委員全員を引き連れて飲みに来たのである。同クラブは実は鶴田常務の愛人が経営するクラブだった。「やっかいな奴」に悪い現場を見られたと当惑顔の人事部長。入社一年後、御用組合からの脱皮、自主労組再建の運動の先頭に立った筆者として、ここまで労使癒着が進んだかと暗澹《あんたん》たる思いにとらわれたことを、今も鮮明に覚えている。

ちなみに、二〇〇一年には、日経で政府の「銀行保有株式の買い上げ構想」批判の論説を書いた論説委員が鶴田卓彦社長の命令で配置転換される事件が起き、つづいて二〇〇三年一月に鶴田社長が今度は「背任横領」の疑いで部長から内部告発される事件（株主総会に「解任」提案）が話題を呼んだ。鶴田社長は、愛人の経営するクラブに三年間で推定六五〇〇万円にも及ぶ社長交際費をつぎ込むという乱脈ぶりまで明るみに出て、結局、社長を辞任した。大新聞社といえども内部からのチェック力が低下すれば、こうした事態になりうることを一連の事例は物語っている。

朝日新聞でも二〇〇五年に「企画記事」にからんで消費者金融大手の「武富士」から編集協力

費の名目で五〇〇〇万円を受け取る不祥事と記事捏造《ねつぞう》の不祥事が重なって、社長が辞任する事件が起きた。

## 3　小選挙区制とメディアの犯罪

### ■民間政治臨調答申を起点に

「政治改革」と称して小選挙区比例代表並立制が一九九四年に導入された。この制度は、選挙制度の基本である民意の公正な議席への反映をゆがめ、比較第一党に虚構の多数を与える根本的問題がある。これによって「自民党独裁」を許せば、次にくるのは憲法改悪であることは、あまりにも明らかだ。

小選挙区制へのマスメディアの肩入れは、第八次選挙制度審議会に当時の日本新聞協会会長でもあった小林与三次《よそじ》読売新聞会長をはじめ新聞、放送各社の社長、論説委員長クラスがOBを含めて一〇人も参加したことでも明白だが、この第八次選挙制度審議会が答申した小選挙区比例代表並立制が、その後の小選挙区制への流れを作ることになった。

とりわけ、財界、「連合」、マスコミ幹部、それにこの第八次選挙制度審議会に参加した学者らで構成する民間政治臨調（政治改革推進協議会）の果たした役割が見落とせない。民間政治臨調が九二年一一月に発表した「中選挙区制度廃止宣言」は、「選挙制度の改革は、われわれのめざす政治と行政のすべての改革の成否にかかわる核心課題」だとして、「制度疲労の極限に達し、その歴史的使命を終えようとしている中選挙区制度を維持する限り、この根本改革を実現することはきわめて困難」と、中選挙区制廃止を打ち出し、これをきっかけに、マスメディアの一大キャンペーンが始まった。

民間政治臨調自体が、いかに世論操作を画策したかは、NHKとタイアップして「ニュース21」で特集番組の準備が進められ、また雑誌『中央公論』で同時発表するために二〇ページ確保してあることが議事録に記録（九三年九月一九日付「赤旗」がスクープ）されていることからも、如実に読み取れる。

## ■ジャーナリズムの空洞化

見逃すことが出来ないのは、おびただしい「神話」の横行である。毎日新聞が九三年九月一八日付の「社説」で「今回の政治改革で小選挙区制の導入になった。これで政治にはカネがかからなくなるはずである」と書き、同じく読売新聞が同日付「社説」で「政治改革と税制改革。いずれも『今』を逃せば、いつ再び実現への機運が高まるかわからない国民的緊急課題だ」などと旗振りをつとめているのは、その一例だ。中選挙区制「制度疲労」論、二大政党論、小選挙区制と金権政治の関係など、「神話」の数々が何の検証もなしに、ときには学問上の通説にさえ反して飛び交った。

この点、日経新聞が「小選挙区比例代表並立制が政治改革の柱としてなぜ必要なのか」と疑問を呈し、「政党が己に都合のいいように改めるのはごう慢というものだ。選挙制度を小選挙区にしたから政策本位の、カネのかからない選挙になるとは限らない」（九月一八日付「社説」）と言っているのは注目に値する。

問題は、マスメディア側のジャーナリズムの空洞化にある。さきの総選挙（一九九三年）で、金権腐敗一掃のための企業・団体献金の廃止が最大の争点と言われながら、選挙報道ではそれがほとんど取り上げられず、最初から最後まで「自民・非自民の対決＝政権交代」一本に〝争点〟を絞って選挙論議や報道活動を展開したのは、その表れだった。ほかにも、小選挙区制、ＰＫＯ（国連平和維持活動）協力法、消費税、米の輸入自由化など、争点や選択肢には事欠かなかったが、マスメディアはそれらをすべて避けて通った。

ＮＨＫやテレビ朝日などのテレビ討論番組で番組司会者が、しばしば小選挙区制導入や企業・団体献金の廃止問題について議論を求める共産党出演者の発言を抑え、強引なまでのやり方で論議を「自民か非自民か」の政権問題に引き戻そうとする場面を目にした。総選挙が政策論議を欠き、「政治改革」「新しい政治」など中身不透明なキャッチフレーズだけが氾濫した歪んだ選挙戦になった責任のかなりの部分はマスメディアにあったと言っていい。

## ■保障されていない「知る権利」

小選挙区制に対するマスメディアの報道姿勢は、小選挙区制阻止「10・5中央集会」をはじめとする各種集会の取り扱いにも、露骨に表れていた。過日、弁護士四人が在京のマスコミ各社を回って、小選挙区制反対を訴えたことがある。朝日新聞では著名な幹部記者が応対して、それなりに誠意を感じたが、話の中身はひどいものだったという。

その内容は、「国民に正しい判断を与えるために、小選挙区制一辺倒の報道ではなしに、中選挙区制のもとで定数是正も選択できるというバランスのとれた報道はなぜできないのか」と問いただしたところ、「それは無理だ。できるわけない。いま中選挙区制のなかでの定数是正を唱えているのは共産党だけだ。どうしてマスコミがそれと同じことが言えますか」との答えが返ってきたという。

ことは単に共産党と同じことを言う、言わないの次元の問題ではない、という点がここでは重要である。国民の「知る権利」と民主主義に関わる問題なのである。マスメディアが出来る限り公平公正な言論の「自由市場」を用意し、小数政党をも含めた幅広い政策論争の機会を保障しなければならない理由は、まさにそこにある。テレビ朝日の椿発言問題の核心も、その点にあったはずなのである。

戦前の日本のファシズムと戦争への道が、新聞の「現実」への無原則な追随と迎合によってもたらされたことを、あらためて思い起こす必要があろう。

一九九三年一〇月一五日の「新聞の日」に朝日新聞がおこなった政治報道に関する読者アンケート調査の結果は極めて興味深い。

「新聞は政治権力に対するチェック機能を果たしていると思いますか」の問いに対し、「果たしている」はわずか五・六％、「ある程度は果たしている」が二七・四％、そして「まだまだ足りない」四九・八％、「まったく足りない」一四・九％と、実に六四・七％が否定的な答えを出しているのである。

## ■マスコミ内部にも良識が存在

見落としてならないのは、マスコミ内部にも、小選挙区制の危険性を指摘するジャーナリストたちは決して少なくないという事実である。

朝日新聞の石川真澄編集委員は、一九九三年一〇月一五日付朝刊の四面でカリフォルニア大学のリップハート教授の選挙制度に関する見解と合わせて「日本の選挙制度改革は世界のすう勢に背を向けている」（「世界の流れに背向ける日本」）と言い切っているし、『週刊金曜日』（同年一〇月二二日号）のなかでは、さらにはっきりと小選挙区制のインチキぶりを徹底分析している（「〝小選挙区制〟論のカラクリを暴く」）。

また東京新聞常務取締役編集局長の佐藤毅氏も『新聞研究』（九三年九月号）で「リクルート事

件への反省からにわかに『小選挙区制』が浮上し、それを巡って政局の動きが急速に展開されて行った手回しの良さ。そして、新聞論調がごく自然な形でその動きに巻き込まれていった過程には、何か『X』が感じられてならない」と世論操作の存在を暗に示唆しながら、「小選挙区制優先報道に疑問」を呈している。

## 4 椿発言問題

それは、産経新聞の〝特ダネ〟報道から始まった。一九九三年一〇月一三日付の産経新聞は、一面肩に「非自民政権誕生を意図し報道／総選挙　テレビ朝日局長発言」の大見出しで、テレビ朝日の取締役報道局長だった椿貞良《つばきさだよし》氏が民放連の放送番組調査会で発言したという内容を報じた。記事は、「椿局長は『…非自民政権が生まれるように報道するよう指示した』と話し、『五五年体制を崩壊させる役割をわれわれは果たした』と言った、という」。これは明らかな放送法違反であると報じた。

それに対して、調査会の司会を務めた清水英夫氏（青山学院大名誉教授）が二つの理由で訂正を要求した。第一は研究会は自由に話してもらう趣旨でやっているので、その中で話したことを放送法違反として問題にするのは困る。第二に、実際の放送でおこなったのが放送法違反であるかどうかで、話したことで放送法違反というのは間違いである、ということである。けれども、産経新聞は応じなかった。

そうこうするうちに自民党がこの問題を取り上げて政治問題化させたことで、椿発言問題は一転世界を揺るがす大問題となった。そして事態は椿氏を国会に召喚して糾弾するまでに発展した。これに対して新聞労連や民放労連などは、メディア関係者を安易に国会に呼んで糾弾することに問題があるということで反対した。本来この問題は、新聞協会や民放連などの研究会で、放送のあり方の問題とか放送倫理の問題として冷静に論ずべき問題である。しかし、そういう見解が入れられずに、ついには国会の喚問になった。

国会の中で、登場した椿氏は、冒頭から自分の話したことはすべて荒唐無稽《こうとうむけい》な作り話であるという話をした。それは、自分が悪者になることで、テレビ朝日に対する政治の影響力を最小限に止めようとした狙いであったことは確かである。こうして事件は一件落着した。

清水氏が言うように、椿氏の研究会での発言そのものは、放送法違反と言えないことは確かである。しかし同時にその発言は、放送の担い手としてまたジャーナリストとして、いくつかの重要な問題点があったことも否めない。

第一に、「いま吹いている〝政治の風…〟」を利用して「なんでもよいから反自民の連立政権を成立させる手助けになるような報道をしよう」としたこと。第二に、そのために共産党の発言時間を減らしたことも正しかったと言っていること。この二点には、かなり大きな問題点がある。公正、公平な議論を保証し、そのことを通じて市民の間に主権者としての成熟した考え方を培っていくことがジャーナリズムとしてのあり方であるべきなのに、これは、明らかにそうした基本精神に反する考え方と言わざるを得ない。

本来この事件の背景には、テレビ朝日の「ニュースステーション」に対して執拗な圧力を加え、番組スポンサーの引き下ろしまで働きかけるという目に余る攻撃、干渉があった事実が重要だ。こうした事実を視聴者の前に明らかにし、ともに反撃すべきことがジャーナリズムのあるべき姿なのに、椿発言には、そうした正攻法の闘い方をせず、報道上の反自民の政党に勝利させることで、自民党を敗北させようとした節が見えてならない。ここには明らかにジャーナリズムの劣化が認められる。こうした弱点を突かれ、自民党に足をすくわれる結果になった。

本来番組に対して圧力を加えた犯人である政府自民党が正義の味方として、被害者であるテレビ朝日を追及する逆の構図ができてしまった。これはメディアにとって実に不幸な事件であったと言わざるを得ない。これを機に自民党は、テレビの弱みにつけこんで放送介入の度を強め、メディア側はこれに受け身で対応するという流れが定着することになった。

ただ、唯一の救いは、この事件を教訓として、清水英夫氏が中心となって民放連とNHKを結ぶBPO（放送倫理・番組向上機構＝放送における言論・表現の自由を確保しつつ、視聴者の基本的人権を擁護するため、放送への苦情や放送倫理の問題に対応する）という自立した自主規制の第三者機関が作られ、そして弁護士やジャーナリストが委員になることによって、その後の放送に対する政治の介入に防波堤としての役割を果たしていることは注目される。

# Ⅲ　裏切られた公共ライブラリーと独立行政委員会構想

## 1　ライブラリー運動の旗揚げ

一九八三（昭和五八）年七月二八日の暑い夏の昼下がり。東京・渋谷区神南のＮＨＫセンター一四階にあるラジオ・テレビ記者会では、一風変わった記者会見がおこなわれていた。

朝日新聞、毎日新聞、読売新聞、日経新聞、共同通信など加盟各社の記者たちとテーブルを隔てて座ったのは、日本で「開かれたビデオライブラリー」を実現させるために運動を起こした有志の会（「テレビ番組を開かれた文化財とする会」を結成するための呼びかけ人会＝略称「ビデオ・プール」の会）の後藤和彦代表（常磐大学教授、元ＮＨＫ放送文化研究所長）ら六人。ＴＢＳプロデューサーの大山勝美、民放連研究所長の野崎茂、ＮＨＫの元ドラマ制作者で同放送文化研究所主任研究員の平原日出夫ら、後藤を含めていずれも記者たちとは顔なじみの面々だ。

普段なら記者側にいる日経記者の松田浩＝筆者が、発表側メンバーの端に座っているのも奇妙な光景だった。とりわけ、華やかな雰囲気を添えたのは、運動の趣旨に共鳴して会見に同席した女優・藤村志保の楚々《そそ》とした和服姿だった。

会見に先立って、大山勝美がニューヨークで収録してきた放送博物館の全容を伝える紹介ビデオ（「アメリカの放送博物館を訪ねて」＝一二分間）が記者団に披露された。これから実現をめざすビデオライブラリーのイメージを、まずつかんでもらうためだった。

つづいて後藤代表が、この日のために用意した「テレビ番組を開かれた文化財とするためのアピール」（別掲）の趣旨を説明した。国民的文化財として歴史的にも重要な過去のテレビ番組の保存がいかに危機的状況にあるかを紹介し、「このままでは番組が散逸消滅してしまう。まずそれらを発掘して保存対策を講じる必要がある。その作業と並行して、すべての人に開かれたビデオライブラリーを実現するための運動を広げたい」と抱負を語った。

また藤村志保は、「テレビの初期、映画畑から初めてテレビドラマに出演して非常に感銘をうけました。それはスタッフのみなさん全員が新しいものを作ろうと燃えていたからです。『太閤記』『三姉妹』などは、みなそういう熱意の結晶なのです」と自らのテレビ出演体験を披露し、「いま、それらが残っていないことにショックを受けています。ぜひ、皆さんのお力添えでビデオライブラリーを実現させて下さい」と訴えて感動を与えた。藤村は、当時、その見識を買われて「放送番組向上委員会」（放送界の自主倫理向上機関）の委員をつとめていた。

この有志数人が始めた「ビデオ・プール」運動は、放送界全体や国会までも動かし、その後、日本初の「放送ライブラリー」の設立、テレビ各局の「ビデオ・アーカイブ」整備に大きなきっかけを作ることになるのだが、この日の記者会見は、その記念すべき〝旗揚げ〟を意味していた。

「ビデオライブラリー」問題に対する記者側の関心は、きわめて高かった。放送界はこの問題をどう認識しているのか、保存番組選択の基準、ライブラリーの青写真、そして今後の具体的取り組みなど、突っ込んだ質疑が出席メンバーとの間で交わされた。

朝日新聞、毎日新聞、日経新聞、産経新聞、東京新聞、報知新聞、河北新報など各紙は、こぞってこの問題を取り上げ、過去のテレビ番組収集・保存の緊急性や、これを国民的文化財として収集・保存・公開していく「ビデオライブラリー」の重要性について、会のアピールを支持する記事やコラムが紙面を飾った。

なかでも朝日新聞は、八三年八月八日付夕刊のコラム「眼」欄につづいて、連載企画「テレビ30年」で三回にわたって番組の保存問題にスポットを当てた。第一回（九月六日）は番組保存の実態とその重要性、第二回（同七日）は番組ライブラリーの先駆的取り組みとして日本映像カルチャーセンターの活動の紹介、そして第三回（同九日）では「ビデオ・プールの会」のアピールと活動を大きく取り上げた。記事の最後は〈六人がまいた種は、ゆっくりとではあるが、根づきそうだ〉と結ばれていた。

## ■発端は一本の雑誌論文から

そもそもライブラリー運動は、どのようにしてはじまったのか？　発端は、メンバーの一人である筆者が雑誌『放送文化』（一九八〇年一二月号）に発表した論文「終わった番組はどこへ行く

～番組のライブラリー化を考える～」の問題提起だった。

「放送＝消えゆくもの。科学の進歩と技術革新は、……このかつての古い観念をとっくに過去のものにしている。放送文化――それは、なにより、やはり蓄積され、継承され、そして広く国民に公開されていかねばならないものであるはずだ。番組保存の問題は、そうした観点からも、あらためて国民的立場に立った見直しを迫られている」

そんな書き出しで始まるこの論文は、NHKの大型歴史ドラマ「花の生涯」、「赤穂浪士」、「太閤記」など具体的ドラマ名を挙げて一九七一（昭和四六）年の著作権法改正以前のテレビ番組がすでに大半消されており、わずかに制作者や原作者、脚本家たちの手元に私的に残っているVTRも刻々と散逸消失の危機にさらされている事実に警鐘を鳴らし、過去のテレビ番組を「時代の証人、国民の貴重な文化的財産として統一的基準で収集、保存、蓄積」し、「国民誰もが利用可能な映像ライブラリーとして確立する」ことの重要性を問題提起したものだった。論文は、またNHK、民放各局、制作プロダクションのテレビ番組保存の危機的現状についてもレポートしたうえで、番組保存への放送界あげての統一的取り組みが緊急の課題であることを訴えていた。

この論文は、各方面に反響を呼んだ。最初に声をかけてきたのは、かねて親交のあったTBSプロデューサーの大山勝美だった。一九八二年八月のことである。

大山の場合、たまたまその年の初めに日本映像記録センターが彼の代表作ドラマ数本を選んで有楽町の「映像カルチャー・ホール」で公開する企画があり、調べたところ「楡家《にれけ》の人びと」

（一九六四年）、「真田幸村」（一九六五年）など白黒時代のものは、ほとんど消されて残っていないことがわかった。ことの深刻さに〝ガク然〟とした大山は、取り組みの緊急必要性を痛感し、松田に「一緒に番組保存の運動を起こそう」と提案してきたのだった。

大山は七月、訪米の機会にニューヨークの放送博物館をたずねて、ビデオライブラリーを実地に見学、帰国後、小川平二文部大臣（当時）に「日本にもぜひビデオライブラリーを！」と直訴にも及んでいた。

大山から、この話を聞いた松田は日経新聞夕刊の執筆コラム「あんてな」欄にさっそくそれを紹介し、日本で「ビデオ・ライブラリー」の実現が急務であることを訴えた（八月七日付「機運高まるテレビのライブラリー化」）。

おそらく、これは全国紙に載ったビデオライブラリーに関する最初の問題提起だった。それを読んで共鳴して大山のもとに電話をかけてきたのが、NHKの平原日出夫（放送文化研究所主任研究員）だった。元ドラマ・プロデューサーの平原は、「昭和30年代のテレビドラマ研究会」を主宰し、かねて番組保存やビデオライブラリーの問題に強い関心を抱いていた。大山、平原、松田の三人は一九八二（昭和五七）年九月一一日、日比谷の喫茶店で会い、ここから実質的に運動がはじまった。

そこで三人は、ただちに問題意識を共有する野崎茂、後藤和彦を誘い、「放送文化財保存問題研究会」を発足させた。さらにドキュメンタリー番組の「ライブラリー」活動で先駆者の牛山純一をメンバーに加え、一九八三年四月にビデオライブラリー実現をめざす文化運動体として前記「ビデオ・プール」の会（正式名称＝「テレビ番組を開かれた文化財とする会」を結成するための呼びかけ人会）を結成したのである、代表には後藤和彦（常磐大学教授）が選ばれた。後藤は、NHK放送文化研究所長時代に放送文化基金主催の第二回「放送文化シンポジウム」（一九八一年一〇月一日）でテレビ番組を社会的に収集・蓄積し、それを国民に公開していくシステムを確立することの重要性を問題提起（報告「テレビ番組の社会的ストックを」）しており、会の理論的支柱として欠かせない存在だった。すでにNHK組織を離れていることからも、代表として最適任者と衆議一決したのであった。

■手弁当主義に藤村志保や井上ひさしが応援

「ビデオ・プール」の会が何より重視したのは、それぞれが所属する企業組織の利害から完全に独立した「有志の会」としての独自性だった。文化の視点から国民の知的共有財産であるテレビ文化の保存、蓄積、公開をめざす運動を進める以上、企業からの独立は至上命題だった。メンバーがいずれも所属組織のなかで「一匹狼」的存在だったことも、互いの同志的な絆を強めるうえでプラスに働いた。

会では、前記の趣旨から運動資金は基本的にメンバーのポケット・マネーで賄うことを申し合わせ、当面、一人七万円を拠出して「資金」をプールし、万事、手弁当主義を貫いた。女優の藤村志保が運動の趣旨に共鳴して、〝匿名を条件〟に五〇万円の浄財をカンパしてくれたことも、機関紙発行などで出費がかさむ会の台所事情を大いに助けることになった。

「ビデオ・プール」の会の活動は、大きく二つの柱から成り立っていた。第一は、緊急の課題として、散逸、消滅の危機にひんしている一九五〇・六〇年代のテレビ番組について発掘調査や保存実態調査をもとに保存番組リストを作成し、とりあえず保存のために手を打つこと。またビデオライブラリー実現のために必要な収集・保存・公開システムの基礎的調査研究をおこない、公共的ビデオライブラリーの具体的青写真を作り上げることだった。

そのために、「放送文化財保存問題研究会」として放送文化基金から助成（五〇〇万円）を受け、著作権問題、番組保存問題などに関する専門家からの聞き取り調査、シンポジウム、番組発掘調査などをおこなって番組保存リストとテレビ番組の公開システムに関する報告書を作成して、一般にも広く公開した。

いまひとつの活動は、ビデオライブラリーの具体的構想を練り上げる作業と並行して、テレビ番組を社会共通の文化的財産として収集、保存し、国民に公開していく社会システムとしてのビデオライブラリーの必要性について、放送界を中心に国会、政府機関、各政党、市民団体などに広く訴えて国民的規模で社会的合意を作り上げ、そうした世論を背景に実現への国民的運動を起こしていくことだった。会は、この研究と運動の二つを、いわば〝車の両輪〟として追求した。

そのためにメンバーは、まず手分けしてテレビ番組を国民的文化財として収集、保存し、公開していく「ビデオライブラリー」の必要性について執筆活動を展開し、世論を広く喚起していった。

ちなみに記者会見後、約半年の間にメンバーが新聞・雑誌に寄稿したものを挙げると——

①松田浩「必要な、映像ライブラリーの設置」(『月刊民放』」一九八三年七月号)
②平原日出夫「われらが内なる巨大な空洞」(『月刊民放』八月号)
③大山勝美「放送文化財をどう保存するか?——『ニューヨーク放送博物館』取材からの発想」(『放送文化』九月号)
④牛山純一「放送人共通の願い——収集から国際交流へ」(『月刊民放』九月号)
⑤後藤和彦「サンプルの集積を——後世に伝える貴重な資料」(『月刊民放』十月号)
⑥大山勝美「資料が生む新しい価値」(『月刊民放』十二月号)

その後も、世論喚起のためのメンバーの執筆活動は精力的に続く。一九九〇年、横浜に「放送ライブラリー」設置が決まるまでの約六年間に、発表論文の数は三〇本に達した。

一方、会ではビデオライブラリーの基本理念や番組の著作権問題などについて専門家を招いて聞き取りや勉強会をおこなった。それらの積み重ねのうえにアピールを起草して記者発表に漕ぎつけたのだった。一九八二年九月の第一回会合から翌八三年一一月の機関紙『ビデオ・プール』創刊号発行まで、一年二か月の間に勉強会や機関紙編集会議をふくめて実に六〇回もの会合を重ねるという熱の入れようだった。それも、それぞれが昼間の勤務を終えたあと夜の時間を割いての会合だっただけに、話し合いが深夜に及び、終電で帰宅するケースもまれではなかった。

記者発表につづいて次の大きな仕事は、機関紙『ビデオ・プール』の発行だった。失われつつあるテレビ番組を収集、保存する作業の緊急性と、それを国民共通の文化財として蓄積し、開かれたビデオライブラリーとして公開していくことの重要性を広く訴えていくためには、機関紙の発行は不可欠だった。

八三年一一月二〇日、待望の機関紙『ビデオ・プール』創刊号ができ上がった。タブロイド判、四ページ、上質アート紙を使い、写真、イラストをふんだんに盛り込んだ豪華版で、読み捨てにされることなく、資料としても保存できるようにとの配慮からだった。一〇〇〇部を印刷して、放送界、放送関係団体、報道機関だけでなく、文部・郵政の関係官庁、逓信委員会所属の国会議員、主要政党など各方面に手分けして発送・配布した。

『ビデオ・プール』創刊号は、一面トップに後藤和彦代表の訴え「広く〝運動〟の輪を！」を掲げ、ほかに「テレビ番組を開かれた文化財とするためのアピール」、七月二八日の記者会見の模様、放送文化基金助成研究の概要とスケジュール、新聞各紙の反響の紹介などを掲載した。

二面全面を埋めたのは、放送界から寄せられた賛同と激励のメッセージだった。「これから（放送界が）もつべきものの一つは豊かなライブラリーだ。運動に心から賛同し、互いに協力しあっていきたい」（川原正人・ＮＨＫ会長）、「かつてニューヨークの放送博物館を見て刺激を受け、日本でも放送博物館を……と社内報で提言したほど。この運動を通じて、ビデオライブラリーへの関心が高まり、実現への力強い足がかりになることを切望する」（山西由之・民放連会長）とNHK、民放の両首脳がそろって激励の言葉を寄せた。

このほか、「より多くの人の輪を」（小林与三次・日本テレビ会長）、「国民運動的規模で」（中川順・テレビ東京社長）、「償いの意味でも、力を尽くしたい」（原清・朝日放送会長）、「満腔の敬意を表す」（青山行雄・読売テレビ社長）、「もろ手を挙げて！」（川口幹夫・日本映画テレビプロデューサー協会会長）、「まさに神の啓示と」（志賀信夫・放送批評懇談会理事長）、「総合的なものを是非」（大林清・放送作家組合理事長）……など紙面は激励と期待のメッセージで埋め尽くされていた。

創刊号に、ひときわ花を添えたのは、作家・井上ひさしの激励メッセージ（「未来の人類に与える衝撃」）だった。これはドラマ制作で親交のあった平原日出夫（事務局長兼機関紙編集長）に託して会に寄せられたものだった。

「いま庶民の書き残した日記を集めているところです」という書き出しで始まるこのメッセージは、「ビデオライブラリーが未来の人類にもたらす衝撃は、冷泉家の文書も問題にならぬほど大きく烈しく強力でしょう。……確信をもって断言しますが、それは奈良時代の日本人が東大寺を建立したよりも、もっと凄い冒険なのです」と力づよい期待の言葉で綴られていた。

日ごろ戯曲執筆に追われている井上が、貴重な時間を割いて、この文明論的示唆に満ちた激励の文章を贈ってくれたことにメンバー一同は深く感激した。編集長の平原は、原稿用紙に手書きしたこの井上のメッセージをそのまま凸版にして創刊号の三面トップに掲載した。

第三面にはまた、メンバーが討議を重ねたすえの「ビデオライブラリー構想試案」が掲載された。この案が骨子となって、後に構想は「ライブラリー基本構想案」（八六年一月、機関紙第三号掲載）へと練りあげられてゆく。第四面のトップには、大山勝美の「ニューヨーク放送博物館を訪ねて」が写真入りで載った。ほかに「放送文化財保存問題研究会」と「ビデオ・プールの会」の関係に関する解説（「研究と運動は車の両輪～運動の財源、善意の拠金で」）、「ビデオ・プール」運動に対する市民からの反響などが紹介され、最下段には、読者との開かれた対話を歓迎する意味で、メンバー六人の連絡先と電話番号が明記されていた。

機関紙は第三号（一九八六・一・一五）まで発行され、同号第一面にはメンバーが練り上げた「ビデオライブラリー基本構想案」と同基本構想案をもとに鹿島建設の協力を得て作成したイラスト「ビデオライブラリー完成想定図」（地下一階、地上八階）が、また二～三面には見開きで岩波シネサロンを会場に開催した「ビデオライブラリー・フォーラム」（講師：木村尚三郎・東大教授、倉橋健・早大演劇博物館長、登川直樹・日大教授、石川弘義・成城大教授）の紙上収録などが掲載された。

機関誌発行につづいて、ビデオ・プールの会が力を入れたのは、公的ビデオライブラリー実現にカギをにぎる各界のキーマン（重要人物）を対象に、個別に問題の重要性を説いて回り、それぞれの分野で積極的に動いてもらうことだった。ＮＨＫ、民放連の各トップを始め、文化問題にかねて理解のある大阪・朝日放送の原清会長、元NHK放送総局長の川口幹夫、テレビ東京社長で当時、次期民放連会長の呼び声が高かった中川順、放送著作権問題の一方の当事者だった放送作家組合の寺島アキ子専務理事らには、個別に時間をとって協力を要請した。

とくに大阪・朝日放送の場合は、会長の原清がビデオライブラリー問題に理解が深く、日本で唯一、「国際映像ライブラリー機構」（FIAT＝ヨーロッパの放送機関を中心に映像資料の保存、活用をおこなっている連合体で三五か国四〇機関が参加）に加盟している関係もあって懇談を重ね、原自身も東京で開催された会主催のシンポジウムにわざわざ駆けつけてフロアから発言するなど、ビデオ・プールの運動にとっては最も頼りになる存在だった。

国会対策も、ライブラリー実現に最終的なカギをにぎる重要領域だった。一九八五年六月から七月にかけて、会ではビデオライブラリーに関するアンケート調査をおこなった。大学教授、作家、映画監督、脚本家など学術文化関係者、放送、新聞などマスコミ関係者約一〇〇〇人に衆参両院議員を加えた計一七四七人を対象に一〇項目にわたって回答を求めたが、対象に衆参議員を入れたのは、機関紙とあわせて国会議員たちにビデオライブラリー問題の文化的重要性をより深く認識してもらうためだった。

国会で最初に「ビデオライブラリー」問題を取り上げてくれたのは、共産党の佐藤祐弘《すけひろ》議員だった。佐藤議員は一九八四年三月二六日の参議院逓信委員会でビデオ・プールの会の活動を取り上げ、その問題提起を高く評価したうえで、政府に公共的ビデオライブラリー実現についての見解を質《ただ》した。

会では、この問題は超党派による推進が大事と考え、途中からメンバーに加わった大蔵雄之助（TBS報道局長）の口利きで自民党通信部会長の近藤鉄雄議員（大蔵と一橋大学同窓）に会って協力を求め、さらに自民党通信部会議員（近藤のほか、白川勝彦、野上徹、平沼赳夫、宮田輝ら）との懇談をも実現した。また放送批評懇談会の志賀信夫理事長の仲介で郵政省放送行政局の実力者、江川晃正企画課長とも面談、ライブラリー問題の重要性を説いて、同課長からも協力の約束をとりつけた。

## 2　推進に水差す「映像産業育成構想」

### ■民放連が〝ライブラリー推進宣言〟

最初の転機は、中川順・民放連会長の〝ビデオライブラリー推進宣言〟だった。

中川会長は民放連会長就任の年の一九八四（昭和五九）年一〇月に開かれた民間放送全国大会の会長挨拶で、放送界がNHK・民放一体となって取り組むべき課題の柱の一つとして「ビデオライブラリーの実現」を挙げ、次のように問題提起した。

「番組問題に関連して、映像・音声のライブラリー建設について、皆さんのご理解とご賛同をいただきたいのであります。

プリント・メディアには、長い歴史の蓄積によって、図書館をはじめ、全体と個別を問わず、保存施設が充実しており、データの蓄積も、豊富であります。これに対し、歴史の浅い映像・音声（ＡＶ）メディアには、それらが、きわめて貧困なのが実情であります。しかし、ＮＨＫを含めて、ラジオ五十年、テレビ三十年を越える歴史を経た現在、新世代のため、未来のため、多数の人々が活用できる映像・音声のライブラリーの設立に、ＮＨＫを含む放送界が一体となって、努力すべき時期であると考えるのであります。」

中川民放連会長の〝ライブラリー推進〟宣言をきっかけに、歯車は確実に動き出した。

当時、日本で唯一、ＮＨＫ・民放の共同事業体だった「放送番組センター」が、新事業として「放送文化の向上に役立つライブラリー構想の検討」を議題にのせたのは、こうした流れを受けてのことだった。放送番組センターは、この時期には初期の教育・教養番組の企画、制作、管理、配給という歴史的任務を終えて、新しい事業展開を求めていた。「ライブラリー構想」の検討は、ＮＨＫ・民放共通の事業として格好のテーマだったのである。

一九八四（昭和五九）年七月、放送番組センターでは中川民放連・新会長の意向をうけて、小嶋源作（中部日本放送会長）を委員長とする特別委員会のもとで、将来事業の基本的な柱として「アーカイブ構想」について審議をはじめていた。

その結果、一九八五（昭和六〇）年からの事業として番組保存基準委員会を設置して、文化財としての放送番組の収集、保存を開始した。

翌八六年一〇月八、九日には、放送番組センターの主催で第一回「国際ビデオライブラリー・フォーラム」（後援・郵政省、文化庁、ＮＨＫ、民放連）が開催された。「映像で伝える未来へ」のメッセージ」をキャッチフレーズに、国際映像ライブラリー機構（ＦＩＡＴ）の会長以下八か国九人の主要メンバーを日本に招待、放送界や関係各界の専門家とともに公共的映像ライブラリーの諸問題について公開シンポジウムをおこなった。この国際フォーラム開催にあたっては、ビデオ・プールのメンバーが企画から運営までを実行委員長・原清朝日放送会長のもとで積極的にサポートした。

「国際ビデオライブラリー・フォーラム」は、第二回の八七年にはアメリカ議会図書館（「アメリカ・テレビ・ラジオ・アーカイブ」）、カナダ放送局（「ナショナル・アーカイブ・オブ・カナダ」）の関係者を呼び、第三回の八八年にはアメリカ放送博物館のバッチャー館長、フランス「ビデオテーク・ド・パリ」のヴェロック・ケラ副支配人を招いて開催された。これら国家的事業としてナショナルセンター組織を中心に「ビデオライブラリー」を推進する先進諸国との交流を通じて、日本でも「公共的ビデオライブラリー」設立の機運は着実に高まっていった。

## ■郵政省の産業版〝ライブラリー〟構想とは

そんな流れの中で、一九八六（昭和六一）年五月一一日、朝日新聞に大きく報じられた郵政省の「映像産業育成構想」は、ビデオ・プールの会の推進する公共的ビデオライブラリー構想に対する〝国の最初の反応〟として注目された。朝日新聞の三面トップで報じられたその記事は、「映像産業を優遇育成」と四段の凸版カットを主見出しにして、それに「郵政省方針　官民で作品保存機関も」と脇見出しを配したもので、郵政省がニューメディア時代を見据えて「映像情報を生産、供給、蓄積する映像産業の育成策」に力を入れ、その一環として「映像情報を保存、再利用する映像ライブラリーの建設」を「官、民で出資する第三セクター」方式で考えていることを伝えていた。

これは、文化の視点からテレビ番組の収集、保存、蓄積、公開をめざすビデオ・プールの会の「ライブラリー」理念とは、相容れないものだった。

「公共的ビデオライブラリー」の建設・運営に国が全く財政支出をせず、いわゆる民活方式の第三セクターに丸投げする発想も、長期的グランド・デザインをもとに国会図書館に匹敵するナショナルセンター的公共施設をめざす会の考え方と、大きく隔たっていた。

ビデオ・プールの会では、それまでもライブラリーの基本システム・プラン（「ビデオライブラリー基本構想案」）を各方面に積極的に提供してきた。郵政省行政局企画課では八六年三月、会の後藤代表を招いてレクチャーを求め、会も進んで資料を提供してきたが、郵政省構想の「映像文化センター」案は、産業政策的視点から「ビデオライブラリー」を映像産業育成の一環ととらえ、「映像情報を保存、再利用するための映像ライブラリー」と位置づけており、ＮＨＫと民放が放送番組センターを中心に「国際ビデオライブラリー・フォーラム」を積み重ねて作り上げてきた〝国際スタンダード〟の公共ビデオライブラリーをめざす流れに、水をさすものでもあった。

これに対してビデオ・プールの会は「産業論よりも文化論を優先させるべきだ」との基本的立場から、会の「ビデオライブラリー基本構想案」をあらためて参考に添え、郵政省に「ビデオライブラリーの業務内容は文化事業的側面に限定すべきだ」とする見解を伝えた。

最大の問題は、郵政省が第三セクター方式のライブラリー構想を打ち出したことで、すべてが郵政省の「出方待ち」になり、肝心の放送業界の姿勢が受け身、かつ内向きになったことだった。放送界にとって、広範な国民世論と一体になって国に文化政策的要求として「公共的ビデオライブラリー」（パブリック・アーカイブ）の実現を迫るというよりは、むしろ国の映像産業育成策に沿う形でいかにニューメディア時代に備えて自局の「アーカイブ」（インナー・アーカイブ）整備を進めるか、また第三セクター方式で予想される政府からの資金協力要請にどう対応するかなど、放送事業者としての社会的責任意識とはうらはらに、個々の企業利害が主要関心事になってきたのである。

これは本来、放送界を主体とした国民各層の広範な世論と運動の盛り上がりがあって初めて推進可能な「公共的ビデオライブラリー」計画にとっては、大きな逆風だった。

郵政省は、翌八七（昭和六二）年三月、同省主催で「映像情報サービスに関する連絡会」を開催して放送ライブラリー構想への意見を集約。同月、一九八八（昭和六三）年度予算で「放送番組の保存体制の整備に関する調査研究費」が国会承認された。

これをふまえて郵政省は八八年六月、「放送ライブラリーに関する調査研究会」（座長＝諸井《もろい》虔《けん》・秩父セメント会長、同代理＝東大新聞研究所教授・児島和人）を発足させ、同研究会は翌八九（平成元）年二月、次の中間報告をまとめた。

中間報告書の概要は（1）映像による生きた社会史、生活史を検証する国民的財産である放送番組を組織的、継続的に収集、保存し、一般の利用に供する社会システムとして、放送ライブラリーの早急な設立が望まれる、（2）放送ライブラリーは、放送番組及び情報の「収集・保存」「公開」「国際交際」の三つの機能を有することが望まれる、（3）放送ライブラリーの設置形態としては公益法人が望ましく、この場合、現在の財団法人「放送番組センター」の位置づけを明確にしたうえ、これを母体として拡充、強化を図ることも考えられる――などである。

この間、ビデオ・プールの会からは「ビデオライブラリー基本構想案」が同調査研究会に検討資料として提供された。中間報告の（1）（2）には同「構想案」がそれなりに反映されている。

八九（平成元）年三月。郵政省は「放送番組センターの設立等」を内容とする「放送法及び電波法の一部を改正する法律案」を第百十四回通常国会に提出。同年六月、同法律案は可決成立した。郵政省放送行政局の金沢薫総務課長によれば、放送番組ライブラリーの設立は、「放送番組の質的向上に役立つ」ことを力説して大蔵省を説得しつづけたという。

新しく発足する「放送ライブラリー」は、放送法の定める指定法人として郵政大臣から指定を受けた財団法人「放送番組センター」が母体となって設立、運営する。その段取りはこうだった。

　まず郵政省、ＮＨＫ、民放連、放送番組センターで構成する「放送ライブラリー推進協議会予備連絡会」が財界や電気通信業界など各業界に根回しして「放送ライブラリー推進協議会」を発足させた。主として基金の調達と事業計画案の策定が目的だった。

　問題は放送ライブラリーの財政的基盤と規模だが、郵政省が中心となって推進したのは、民放、ＮＨＫで九〇億円、財界一〇億円、計一〇〇億円の基金寄付を五か年計画で集め、このうち約一二億円を放送ライブラリー（視聴覚施設、保存施設）の建物本体の建設、また約三億円を視聴覚施設、番組収蔵庫、番組情報検索システムなどの機器購入に当て、残った基金の運用益でライブラリーの運営費用（人件費八人分を含む）を賄っていこうという構想だった。

　この場合、①国の財政からは出資金、補助金等を一切出さない、②土地は地方自治体に無償提供をうける、などが前提だった。基金を寄付する団体、企業に対しては寄付金の損金算入を認める税法上の特例措置、また放送番組センターには固定資産税の減税、無利子融資などの支援措置が講じられることになっていた。

　だが実際に集まったのは民放六〇億円、ＮＨＫ三〇億円、横浜市二億円、計九二億円だけだった。財界からの寄付は、掛け声倒れに終わった。

　設置場所は横浜市が提供する「横浜情報文化センター」と決まったが、同館の完成までの間は、みなとみらい21地区の横浜館を暫定施設として使用することになった。こうして九一年一〇月二五日、待望の日本初の「放送ライブラリー」がオープンする。ビデオ・プールの会が運動を旗揚げしてから、実に八年目のことだった。会のメンバーたちは、そのニュースをそれぞれの思いで受けとめた。

横浜情報文化センターの完成予定は当初九六年だったが、実際の竣工《しゆんこう》は遅れて、新装なった同情報文化センタービルの八階～一〇階三フロア（三二〇〇平方メートル）を使って「放送ライブラリー」（テレビ視聴ブース六〇台）が本格オープンしたのは、それから足かけ一〇年後の二〇〇〇年一〇月一三日のことだった。

九一年の「放送ライブラリー」開設をまえに、雑誌『新放送文化』（一九九〇年四月）は「番組保存の意義と課題　～『放送ライブラリー』への提言」と題して特集を組み、〝設立に向けて最初から運動にかかわってきた〟大山勝美、松田浩の二人が編集部の求めに応じて執筆した。

大山は「『放送ライブラリー』構想と設立までの経緯」で自らの体験をもとに、運動に取り組むに至った動機から書き起こし、「ビデオ・プール」の会がビデオライブラリー実現のために、どのように研究（システム構築）と世論形成の活動を車の両輪として積み重ね、それがいかに放送界や郵政省、国会までも動かして最終的に「放送ライブラリー」の設立につながっていったかを克明に跡付け、最後を「ともあれ、具体的な問題はすべて『これから』なのである」と締めくくった。

一方、松田（『放送ライブラリー』今後の課題と提言」）は、放送ライブラリーが「一歩を踏み出したことは、それなりに歓迎すべきこと」としながらも、国庫負担ゼロの民活方式による「放送ライブラリー」が規模の点でも、また運営財源を基金の運用益のみに依存する財政基盤の脆弱《ぜいじゃく》さの面でも多くの問題点を抱えている事実を指摘し、「どう、それを理想の形に近付けていくかが、今後の大きな課題」だとして、①将来構想を含めたグランドデザインを早急に策定すること、②その場合、作業は政府の諮問機関ではなく、国民の広範な各層を含めた民間レベルでおこなうこと、③放送ライブラリーをより利用者である視聴者・国民の立場に立って設置、運営するために、運営主体である財団法人「放送番組センター」の陣容を強化し、広く社会各層に開かれたものにすること、などを提言している。

また千葉県佐倉市の国立歴史民俗博物館が一七年の歳月をかけ、総工費一二〇億円、収集費用二五億円の国費を投じて夢を実現した事実をひきながら、長期展望に立った運動の重要性を次のように訴えた。

「思うに国民的世論の盛り上がりと市民レベルを包含した下からの運動がなければ、放送ライブラリーのような重要な文化的事業に国が金を出さないという厚い壁をつき破っていくことはできないだろう」

二〇一〇年代、多チャンネル時代を迎えたテレビを支えているのは、各局の企業「アーカイブ」に保存、蓄積された膨大な再放送番組である。その供給源として各局の「アーカイブ」は格段に整備・充実された。ＮＨＫが埼玉県川口市に二〇〇三（平成一五）年以来、設置・運営する「ＮＨＫアーカイブス川口」を例にとれば、テレビ番組のストック数はじつに五〇万本を超え、うち一部が「番組公開ライブラリー」として市民に無料公開されている。またＮＨＫは、それらを「ＮＨＫオンデマンド」でブロードバンド回線を通じて有料提供している。

それに引きかえ「公共ビデオライブラリー」（パブリック・アーカイブ）として期待されて出発した横浜の「放送ライブラリー」は、超低金利による基金運用益の目減りで極端な財政難にあえぎ、当初、テレビ番組ストック二〇〇〇本をもとに毎年二〇〇〇本ずつ増やし二〇年間で四万本にする計画が大きく狂い、年間の新規ストックは五〇〇～七〇〇本。開館二〇年を迎えた二〇一〇年の時点で総ストック本数は目標の四分の一、約一万本にとどまっている。番組ストック、数十万本規模の欧米各国とは、まるで比較にもならない。

かつてビデオ・プールの会が「ビデオライブラリー基本構想案」で提起し、郵政省の「放送ライブラリーに関する調査研究会」が「中間報告書」のなかで〝将来的な課題〟として提言した「中央のナショナルセンターと各地の地域センターを有機的に結ぶ放送ライブラリーの全国ネットワーク化」など、その展望すらみえない現状だ。

テレビ番組を国民的文化財として収集、保存、公開することを訴えたビデオライブラリー運動を契機にして、ともに始まりながら、公共ライブラリー（パブリック・アーカイブ）の方は小規模のまま財政逼迫《ひっぱく》にあえぎ、企業「アーカイブ」のみが充実強化されて、おびただしい再放送、再々放送番組の供給源としてNHK、民放の経営合理化に貢献している――なんとも皮肉な跛行《はこう》現象ではないか。本来、両者は車の両輪として充実され相互に刺激し合ってこそ放送文化の創造性向上につながるのに。

なぜ、「パブリック・アーカイブ」より企業単位の「インナー・アーカイブ」優先の流れになったのかを考えるとき、国際レベルの公共ライブラリーをめざした放送界の潮流を、民活方式、産業政策主導型に転換させ政府（郵政省）とそれに安易に同調した放送界の責任は小さくない。そこには、放送されたテレビ番組を国民共有の文化財産としてとらえ、それを広く社会・公共のために利用・還元するという根本思想の欠如がある。テレビ番組は、NHKや民放各局にとって、二次利用、三次利用によってカネを生み出す単なる私的企業財産としてしか、基本的に認識されていないのである。

そんな後ろめたさからでもないだろうが、かつて文化の視点から「国民に開かれた公共ビデオライブラリーを！」と運動を展開したビデオ・プールの会の足跡は、なぜかNHKや「放送センター」の公式記録（ホームページ、NHK編『20世紀放送史』など）からは〝意図的に〟か〝無意識的に〟か、完全に消し去られている。あたかも、そんな運動など全く存在しなかったかのように――。

「日本では一般の人たちが利用できるライブラリー施設は、なかなか整備されなかった。既にみてきたようにNHKの組織的な番組の保存がスタートしたのが一九八一（昭和五六）年度である。保存についての意識が希薄だった時代に、ライブラリーの必要性は議論されなかった。

必要性が論じられるきっかけとなったのは、一九八三年にNHKが放送した『ブラウン管の一万日―テレビは何を映してきたか』である。この番組では、放送開始三〇周年を記念して、NHKと民放が制作してきたテレビ番組の名作を数多く紹介した。ところが、制作の過程で放送史上に残る有名な番組が保存されていないことがわかってきた。（中略）

こうしたテレビ番組の保存の現状に加えて、『ブラウン管の一万日』が放送されてみると、テレビ番組が戦後日本を記録してきた時代の証言者であるという認識が放送界に広まった。そして、放送文化の発展のために国民が利用できるライブラリーの必要性が次第に主張されるようになった。（中略）時を同じくして、国でも公共の番組ライブラリーの検討が始まった。（以下略）」

（NHKアーカイブス川口 www.nhk.or.jp/archives/kawaguchi/）

## 3　生かせなかった「独立行政委員会構想」

### ■民主党政権でにわかに実現性

二〇〇九年九月、民主党政権の誕生は、独立放送行政実現にとっての絶好のチャンスとなった。というのは、同党は総選挙に先立って発表したマニフェスト（「INDEX2009」）のなかで、通信・放送に関する独立行政委員会制度（「通信・放送委員会」）の導入を、次のように明記していたからである。

「通信・放送委員会（日本版ＦＣＣ）の設置」

〈通信・放送行政を総務省から切り離し、独立性の高い独立行政委員会として通信・放送委員会（日本版ＦＣＣ）を設置し、通信・放送行政を移します。これにより、国家権力を監視する役割を持つ放送局を国家権力が監督するという矛盾を解消するとともに、放送に対する国の恣意的な介入を排除します。（以下略）〉

民主党は、すでに二〇〇三年と二〇〇四年の二回にわたって国会に「通信・放送委員会設置法案」を提出していた。通信・放送委員会の基本的性格は、かつての電波監理委員会とほとんど同じだった。独立行政委員会制度の導入は、にわかに現実味を帯びてきた。

原口総務相は、政権発足直後、「通信・放送委員会」設置のための関連法案を二〇一〇年中にまとめ、二〇一一年の通常国会に提出する方針を明らかにした。

もともと、戦後日本の放送法制は、独立行政委員会制度のもとで出発した。戦後の放送改革は、アメリカ占領軍の強力なイニシアチブのもと、日本民主化の重要な一環としておこなわれた。今日の放送法制の基本的枠組みをつくった電波三法（電波法、放送法、電波監理委員会設置法）の制定（一九五〇年六月）がそれである。

電波三法の最大の特徴は、放送の政府からの独立を制度的に保障するため、アメリカのＦＣＣ

にならって行政、準立法、準司法の機能をあわせもつ独立規制委員会（独立行政委員会）の制度をとり入れたことにあった。戦前からの放送に対する伝統的な政府支配の根を断ち切り、放送を民主主義社会の公共メディアとして確立するうえで、電波・放送行政の政府からの独立は、なににも増して最重要の課題だったのである。

最大の不幸は、その電波監理委員会が、当初から行政委員会制度導入に強硬に反対していた吉田茂内閣によって、わずか二年で一九五二年の占領終結、サンフランシスコ講和条約による日本の「独立」とともに廃止されたことにあった。「国家権力を監視する役割を持つ放送局を、国家権力が監督するという矛盾」が、このときからはじまった。放送への政治介入が、これ以降、日常化する。

電波監理委員会の廃止がもたらした最大の変化は、政府が免許を含む電波・放送の強大な行政権限を手中に握ったことだった。その結果、本来、政治的に公正・中立であるべきこの行政領域に恣意性が持ち込まれ、電波利権やマスコミ操縦に利用されただけでなく、放送の「自律」を基本にした放送法の解釈が歪められ、放送事業者への威嚇《いかく》、牽制や行政指導が常態化することにつながった。とくに一九九三年に起きた「椿発言」事件は、そうした流れを加速化する大きなきっかけとなった。

そんななかで、民主党が政権獲得を機に「通信・放送委員会」設置を打ち出したことは、きわめて時宜を得た政策提起といってよかった。それが実現するとすれば、戦後の放送の歴史にとって画期的な快挙になるはずだった。

原口一博総務相は、訪問先のペルーでおこなった記者会見で、通信・放送委員会の具体案について海外のさまざまな独立行政委員会を参考にして構想をまとめる意向を示し、「一年ぐらいの間は、国民的合意を得ることに力を尽くす」考え方を明らかにした。また内藤正光総務副大臣も同じ時期に東京都内で開かれた市民団体主催のシンポジウム（「メディフィス２００９」）で「専任の作業チームをつくって議論し、二年後の通常国会で成立させる」と語り、拙速を避け時間をかけて成案を得る構えをみせるなど、意欲を示した。

なぜ通信・放送委員会なのか？　民主党は前記「政策集」のなかで三つの理由を挙げていた。第一は「国家権力を監視する役割を持つ放送局を国家権力が監督するという矛盾の解消」、第二は「放送に対する国の恣意的な介入の排除」、第三は「技術の進展を阻害しないよう通信・放送分野の規制を事前規制から事後規制へと転換すること」。

だが、具体的構想が明らかになるにつれ、いくつかの不安材料が浮上してきた。それは、内藤総務副大臣が前記シンポジウムのなかで、番組への規制に触れ、放送業界の第三者機関であるＢＰＯ（放送倫理・番組向上機構）の役割を評価しつつも、「放置すると被害が急進展するような例外的な事態には、（日本版ＦＣＣが）何らかの対応をとれるような権限をもってもいい」と明言したことだった。この発言は、さきに自民党政権下で佐藤勉総務相がＢＰＯの実効性に疑問を投げかけ、「独立性のある規制機関」新設の必要性に言及したこととも軌を一にしていた。

原口総務相と内藤副総務相との間に、通信・放送委員会構想をめぐって考え方の食い違いが目についた点も見落とせない。例えば、原口氏は内藤副大臣と違って、委員会は番組内容に対する規制を一切おこなわず、NHKと民放でつくる第三者機関「放送倫理・番組向上機構」（BPO）に委ねるとしていた。また委員の選任にあたって、政治的中立性を重視する立場から、かつての電波監理委員会のような内閣総理大臣の指名・任命方式を避け、「国民の直接投票による公選制の導入」を検討課題として提起していたことも注目された。

## ■失望与えた新「委員会」構想

それだけに、その原口総務相の口からアメリカのFCCや、かつての電波監理委員会とは似ても似つかない新「委員会」構想が明らかにされたときの失望は大きかった。

原口総務相は二〇〇九年一〇月五日、朝日新聞の単独取材に応じて新組織「通信・放送委員会」の具体的構想を明らかにした（一〇月六日付三面）。それによると、新組織は「放送局への免許の付与や免許の更新は総務省がやり、委員会は総務省だけでなく与党、野党といった政治権力による言論の自由への侵害をチェックする役割をイメージしている。国家公安委員会が警察庁をチェックしているようなシステムが必要だ。法に基づき、報告や是正を求める権限を持つ」というものだった。

電波割り当てや免許付与、放送規律などの行政機能を総務省に残し、委員会がそれをチェックするだけの仕組みでは、長年、旧官僚機構のもとで体質化してきた介入型の通信・放送行政を抜本的に民主化することは到底、覚束《おぼつか》ない。

原口総務相は「通信・放送委員会」の性格規定を、警察庁に対する国家公安委員会の関係で説明したが、ここでは総務大臣と通信・放送委員会の関係が不明確なだけでなく、国家公安委員会の「独立行政委員会」としての性格自体が形骸化している現実が、まったく見落とされていた。

もし、新組織がそうした性格のものであるとすれば、それは「放送局に対する規制・監督を監視する組織」であって、政府から独立して通信・放送行政をおこなう独立行政機構ではありえないことになる。

それは、「政策集」で民主党が打ち出した独立行政委員会構想や二回にわたって国会提案してきた「通信・放送委員会設置法案」とも、まるで性格の異なる行政チェック機関に過ぎない。

政策集では「日本版ＦＣＣ」と名づけていたが、アメリカの連邦通信委員会（ＦＣＣ）は行政、準立法、準司法の権限を併せ持つ、いわゆる独立規制委員会（Independent Regulatory Commission）である。新政権がめざしているのが原口総務相の構想している性格の組織であるとすれば、「日本版ＦＣＣ」という呼び方は不適切である。

過去、二回にわたって民主党が提案した「通信・放送委員会設置法案」が、現行総務省の放送・通信行政、規制機能の全般を同委員会の所掌事務として移管することをめざしていたことからみても、明らかに大きな後退だった。

それにしても、諸外国の独立行政委員会を参考にして構想をまとめ、時間をかけて国民的合意を形成すると意欲を燃やしていた原口総務相が、なぜ手のひらを返すように拙速的な新「委員会」構想を提示するに至ったのか、まことに不可解というほかなかった。

民主党自体が権力の座に着いた途端に、自らの行政権限を制約することになる独立行政委員会制度の導入に、にわかに消極的になったのか、あるいは通信・放送に関する強大な行政権限を手放したくない総務官僚の頑強な抵抗に押し切られたのか、国の財政事情などの要因が働いたのか、いずれにせよ真相は明らかにされていない。ただ、こうした要因が何らかの形で働いたことだけは想像に難くなかった。

その後、実際の法案作りは迷走をみせ、ついには「通信・放送委員会」構想自体が雲散霧消してしまうのである。

## ■消極的だった放送事業者

総務官僚や各方面の抵抗もさることながら、終局的には、そうした事情に打ち勝って民主党政権に公約実現を迫り、独立行政実現に向けて本来、イニシアチブをとるべき肝心の放送事業者や新聞メディアが消極姿勢に終始したことが、構想自体が空中分解に終わる結果になった最大の要因だったと言ってよい。

「なまじ独立放送規制機構が出来ると、今より規制が厳しくなる。それより総務省の方がまだマシということなのです」と、当時、民放連の消息通が放送事業者の本音を解説してみせてくれたことを思い出す。いずれにせよ、日本の放送界は、こうして「独立通信放送行政」実現の千載一遇のチャンスを逃がすことになった。

## ■世界の大勢だった「独立行政」

チャンスと言えば、この時期、放送への政府の介入を排除するため放送・通信行政を政府から切り離し、「独立行政」の仕組みをとる流れは、確実に世界の大勢になっていた。「独立行政」を実現するうえで、日本はまたとない絶好の国際環境のもとにあったのだ。

フランスなどヨーロッパの先進国を中心とした欧州評議会は、すでに二〇〇〇年一二月の段階で放送に関する独立規制機関を加盟国内に置くことを求める勧告を採択していたし、「経済協力開発機構」（ＯＥＣＤ）加盟約三〇か国（当時）のうち日本を除く大半の国は「独立行政」制度を確立していた。身近な国では、韓国でも二〇〇〇年三月以来、独立行政組織・韓国放送委員会（ＫＢＣ）が政府に代わって放送行政全般を取り仕切っていた。また二〇〇六年には、台湾でも独立規制機関として国家通信放送委員会（ＮＣＣ）が発足していた。

先進国で独立規制機関をもたず、旧態依然として通信・放送行政の権限を政府が直接にぎっている国は、日本とロシアぐらいというのが実態だった。それだけに、メディアがその事実を広く国民の間で共通認識にして、その気になって世論を結集すれば、政府や官僚の抵抗を排除して日本でも「独立行政」を実現させることは十分に可能だったと言ってよかった。

## ■重なる過去の歴史教訓

「独立行政」へ向けてのメディアの取り組みで、忘れてならないのは、NHKが一九六〇年代に独立放送行政委員会の復活を求める問題提起をおこなっている事実である。

一九六三年一一月、当時、大きく高まった放送法全面改正の機運のなかで、NHKが放送法改正の窓口となった「臨時放送関係法制調査会」（郵政省の付属機関、会長＝松方三郎氏、略称・臨放調）に提出した「日本放送協会の放送法制に関する意見」（添付資料「放送法制研究会第一次報告書」）がそれである。

NHK内で「独立放送行政委員会制度」導入の推進役を担ったのは、当時、副会長だった前田義徳だった。彼は東大法学部の学者グループ（我妻栄、鈴木竹雄、田中二郎、加藤一郎ら）を加えてNHK内に放送法制研究会を発足させ、その研究成果をもとにNHKの放送法改正案として前記の意見書を提出したのだった。それは独立行政委員会制度の導入を明確に打ち出した点でも画期的なものだった。郵政省の外局として行政、準立法、準司法の各権限を備えた「放送委員会」を設置し、それによって放送行政の①長期的見通しに立った一貫性と計画性、②政治的・経済的・社会的圧力からの独立、③言論表現の自由の確保、④利害関係者に対する公正な裁判――を制度的に保障するよう求めていた。それは基本的に、かつての電波監理委員会と同じ性格をもつ独立行政委員会の設置提案だった。

阿部真之助会長以下のNHK役員のなかで、副会長の前田がこの独立行政委員会制度導入にもっとも積極的だったが、それはジャーナリスト出身の前田が、かねて政府・自民党からの干渉、介入に強い不満を抱き、放送行政を政府から切りはなし、独立させる必要を痛感していたからだった。

電波監理委員会制度のもとでは、電波監理委員会がNHK予算案を審議し、意見をつけて国会に提出するので、その間、政府・与党に政治介入の余地はなかった。しかし、同委員会の廃止に伴い、郵政大臣（現・総務大臣）がNHK予算案に意見をつけることになった。その結果、与党・自民党が国会審議に先立って党の通信部会、政調会などにNHK会長らの出席を求めて審議をおこない、その承認が得られてはじめてNHKの予算、事業計画が国会審議にかかるという〝予算を人質にした政治介入の仕組み〟が出来たのである。

NHKの「独立行政」提言で、問題はNHK役員全員が必ずしも積極支持でまとまっていたわけではなかったことだった。こうした事情が、のちに法案づくりの最終段階で「政府案におおむね賛成」と、行政委員会制度導入の主張を取り下げる結果につながっていくことになるのである。

ここでの最大の教訓は、NHK自体が「独立行政」の重要性を視聴者・市民に強く訴え、国民的世論をバックに放送界一丸となって政府に「独立行政委員会制度」導入を迫る言論・報道機関本来の運動スタイルをとれなかった点にあった。この歴史の教訓は、民主党新政権のもとで不発に終わった「通信・放送委員会」構想についても、次元こそ違え、少なからず共通するものがあった。

# Ⅳ　政権のメディア支配に抗して

## 1　ＮＨＫ会長公選制のとりくみ

### ■跳ね返したＮＨＫ〝乗っ取り〟

戦後ＮＨＫの民主化に視聴者運動が果たした役割は小さくないが、中でも特筆すべきは、第一に、二〇〇七年に「原さん、永井さんをＮＨＫ会長候補に推薦する会」が取り組んだＮＨＫ会長選出にからむ会長候補補者推薦運動だった。第二に、安倍政権のＮＨＫ〝乗っ取り〟に決定的な打撃を与え、撤回を余儀なくさせた二〇一六〜一七年の闘いであった。

二〇〇七年六月、安倍首相の強い意向を背景に、安倍首相と菅総務大臣の会談で内定したという古森《こもり》重隆氏（富士フイルムホールディングス社長）がＮＨＫ経営委員長に就任した。古森体制による経営委員会の舵取りは、政府の「ＮＨＫ改革」構想の推進役を担う形で進められた。その軌道は、疑いもなくＮＨＫに対する政府の支配強化の方向につながっていた。

こうした政治的な性格をもった経営委員長人事や会長人事の流れに対して、メディア研究者・ジャーナリスト有志や市民団体は、二〇〇七年四月、経営委員長の改選に先立ってＮＨＫ経営委員各位宛に「放送の独立性の守護者にふさわしい見識と気概をもった経営委員長を」という申し入れをおこなった。

これは石原邦夫経営委員長の辞任に伴う新しい経営委員長の選出にあたって、政府が委員間の互選で選出することを定めた放送法の規定を無視して、水面下で経営委員長人事を決める動きを事前にキャッチしたことから、それを封じるのがねらいだった。経営委員会が、政治の動きに左右されることなく、放送の独立性を守るにふさわしい見識と気概をもった経営委員長を主体的合意で選ぶよう要請し、あわせて審議の模様を議事録で公開し、視聴者への説明責任を果たすことを求めたものだった。

メディア研究者とジャーナリストの有志は一二月、「原さん、永井さんをＮＨＫ会長候補に推薦する会」（世話人＝桂敬一、野中章弘、松田浩）を作り、原寿雄氏とＮＨＫ副会長の永井多恵子氏を具体的に会長候補者として経営委員会に推薦した。元ＮＨＫ会長の川口幹夫氏をはじめ多くのＮＨＫ・ＯＢや奥平康弘、樋口陽一、山田太一、井出孫六など放送・言論・文化の各界を中心に六九人（一二月九日段階。最終的には一〇〇人以上）もの賛同者名簿を添えて申し入れをおこなうことができた点は、注目してよい。

なかでも元ＮＨＫ会長の川口幹夫氏が賛同者に名を連ねた意味は大きかった。川口氏はかねて、受信料制度を堅持し、政府と距離をもって視聴者に依拠したNHKを目指すことで確たる信念の持ち主であることを知られていた。会長就任の直後には、日放労の準機関誌にあたる『マスコミ市民』誌上で、創価大学教授の新井直之氏とNHKのあり方について縦横に論じるなど、リベラルな思想の持ち主であることを広く知られていた。NHK会長就任直後にOBの間から、こういう会長こそ我々が長年待ち望んでいた会長だなどの声が続出したほどである。通常元NHK会長はこうした運動にかかわることは少ない。なのにあえて川口氏がこの会長推薦運動に名を連ねたのには、政府に介入の余地を残した従来の会長選考方法には問題があり、広く視聴者の間から会長適任者を選ぶこの推薦運動の必要性を清く感じていたからであった。川口元NHK会長の賛同意思表示は、この運動に大きな支援となった。

候補者の原寿雄氏（元株式会社共同通信社社長）は『デスク日記』の筆者であり、当時ジャーナリズム界の御意見番として衆目の見るところ言論機関NHKの会長として最適任の人物とみられ、また永井多恵子さんはNHK生え抜きのジャーナリストであり、「NHKはイギリスのBBCに学ぶべきである」という信念を固くもった、これまた会長候補として最適任の人物であった。当初推薦候補は一人に絞るべきではないかという声もあったが、視聴者、国民の中から多くの候補が選ばれ、その中からNHK会長が選ばれることが望ましいという結論で、この二人を推薦することになった。

だが、古森経営委員長は、そうした声にいっさい応えることなく水面下の選考作業をつづけ、指名委員会内で一度も論議を経ていない福地茂雄氏（アサヒビール相談役）を経営委員会当日、委員に引き合わせたうえ、一〇対二の多数決で会長に選出するという前代未聞の暴挙をあえておこなった。

そういう結果になったが、これまで狭い範囲から選ばれていたNHK会長候補に、市民の間からの推薦運動を通じてより幅広く最適任者を選ぶ選択肢が提示されたことは、この推薦運動の大きな成果だった。視聴者運動は、二〇〇八年、NHKの最高意思決定機関である経営委員の選出にあたっても、視聴者による候補者（桂敬一・メディア研究者、湯山哲守・元京都大学講師）を提示し、推薦運動にも取り組んだ。

欧米の公共放送では、役員選出にあたってこうした視聴者による推薦運動は一般化しており、BBCなどではその制度を法律で定めている。日本のような一部の人間による限られた範囲での候補選定に限界があることは明らかであり、日本もいずれこうした視聴者による推薦運動を採用することは必定であろう。

## ■許さなかった籾井会長の再選

第二の闘いのきっかけは、政府が強引に会長に選んだ福地茂雄氏や松本正之氏（元東海旅客鉄道副会長）が政府の完全なロボットにならなかったことだった。文化人である福地会長は、NHKの現場を大事にし、しばしば政府に対立する事業運営をおこなった。これに業を煮やした政府は、福地氏の後任の松本会長を強引に引きずりおろし、二〇一四年一月、代わって安倍首相を囲む財界人の集まりである「四季の会」の豪腕投手ともいうべき籾井勝人《もみいかつと》氏（元三井物産副社長）を会長に据えた。

籾井会長は、会長就任記者会見で、「政府が右ということを左というわけにはいかない」など政府寄りの発言を繰り返し、政府色をますますエスカレートさせていった。安倍政権のＮＨＫ〝乗っ取り〟は、ますます現実味を帯びてきた。

イギリスの公共放送・ＢＢＣが「日本の公共放送は脅威にさらされているのか」（Is Japan's public broadcaster under threat?）と異例のテレビ特集を放送（三月二〇日）したことも注目を集めた。特集は、籾井ＮＨＫ会長らの〝右翼的〟言動や会長人事への安倍首相の関与などを取り上げ、「安倍政権によるＮＨＫ支配」にスポットを当てていた。『ＮＨＫ vs 日本政治』（村松岐夫監訳、後藤潤平訳、東洋経済新報社、二〇〇六年）の著者でもあるエリス・クラウス米カリフォルニア大学教授が「自由民主党は、これまでも舞台裏で巧妙な手法を使ってＮＨＫをコントロールしてきた」とその歴史的背景を語るなどＢＢＣならではの見ごたえある特集になっていた。安倍政権のＮＨＫ〝乗っ取り〟問題は、公共放送の危機として、世界中の関心事ともなったのである。

最大の山場は籾井会長の任期満了（一七年一月）に伴う次期会長の選出だった。籾井会長の再選を許せば、政府によるＮＨＫの〝乗っ取り〟は決定的になるのは必定だった。視聴者運動が取り組んだのは、会長候補の推薦・公募制の採用を求める運動と並んでＮＨＫ・ＯＢによる籾井会長辞任運動を組織したことである。これには、NHK・OBを中心に、メディア研究者、視聴者を一体として運動を進める「放送を語る会」が果たした役割が小さくない。

こうした中で、NHK経営委員会がおこなった決定は、籾井会長を再任せず、代わりに政治と距離をもった上田良一氏（元・三菱商事副社長）を新しい会長に選んだことだった。籾井会長の再選を阻んだことは運動の画期的な勝利だった。これを期に安倍政権は、籾井会長という橋頭《きょうとう》堡《ほ》を失い、これまで執拗に取り組んできたNHK〝乗っ取り〟を断念せざるを得ない状況に追い込まれたからである。

NHK会長をめぐる候補者推薦運動といい、また籾井会長の再選を拒否した闘いといい、貴重な歴史的遺産として、今後のNHK民主化の取り組みに受け継がれていくに違いない。

## 2　安倍政権によるメディア支配の強まり

### ■官製視聴者団体が「意見広告」

政府・与党の動きにあたかも呼応するかのように、二〇一五年一一月一四日と一五日には、親政府的編集方針で知られる産経新聞（一四日付）と読売新聞（一五日付）の両朝刊紙面で全面一ページを使ってTBSの看板報道番組「NEWS23」の岸井成格《きしいしげただ》アンカー（毎日新聞特別編集委員）を標的にした「偏向」キャンペーンと、あわせて放送法第四条の法解釈変更を求める意見広告が登場する。

見開いた大きな両眼の上に「私達は、違法な報道を見逃しません」と真っ赤な文字で大書し、その下に「放送法第四条をご存知ですか?」と問いかけを掲げたこの「異様」な多色刷り全面広告の提供主は、「放送法遵守を求める視聴者の会」。会の呼びかけ人は、作曲家のすぎやまこういち(代表)、上智大名誉教授・渡部昇一、拓殖大学総長・渡辺利夫など七人で、その大半は、安倍首相とともに憲法改正を推進する「日本会議」のメンバーとして名を連ねる著名人たちだった。

全面広告は、TBS「NEWS23」のアンカー兼司会者を務める岸井成格氏が番組中で安全保障関連法の危険性に触れ、「メディアとしても(安保法案の)廃案に向けて声をずっと上げ続けるべきだ」と発言したことをとらえて、放送法第四条の「政治的公平」に反する「プロパガンダ」だと断じ、「私たちは放送法違反は見逃しません」と岸井氏を「政治的偏向」と名指しで攻撃する文章が長々と書き連ねられていた。

この意見広告で、いま一つ注目されたのは、「偏向」攻撃とあわせて、政府に対して放送法第四条の「政治的公平」を、従来政府が統一見解としてきた「放送全体を通じての政治的公平」ではなく、「個々の番組ごとに公平を期するよう」法解釈の変更を求めている点だった。

特定の番組、特定のレギュラー出演者に「政治偏向」のレッテルを張り、放送法の実質的改悪を迫って言論・表現活動の幅を狭め、放送から多様な言論を締め出していこうとするこうした動きは、〝草の根ファシズム〟を予感させて、多くのメディア関係者を不気味がらせた。

## ■波紋広げた高市「停波」発言

高市早苗総務相の「電波停止」発言は、こうした「放送の自由・自律」をめぐる憲法無視の言動や強引な法解釈による政治的揺さぶりの頂点として登場した。高市総務相は、二〇一六年二月八日の衆院予算委員会で「政治的公平などを規定する放送法四条の違反で電波停止をしないか」と確認した民主党・奥野総一郎議員の質問に答え「行政指導しても全く改善されず繰り返される場合、何の対応もしないと約束をするわけにはいかない」と電波法第七六条を根拠にした「電波停止」処分の可能性に言及、翌九日の予算委でも「将来にわたって罰則規定を一切適用しないことまでは担保できない」と同趣旨の発言を繰り返した。また安倍晋三首相は同一〇日の衆院予算委員会で、電波停止を命じる可能性に触れた高市総務相の答弁について「法令について従来通りの一般論を答えただけ」と問題の憲法違反的側面を合理化、その後も菅官房長官とともに高市発言を公然と追認しつづけた。

この間、総務省が放送法の「政治的公平」の解釈に関する政府の新統一見解を公表（同年二月一二日）したが、そこでは「一つ一つの番組を見て、全体を判断する」と従来の「放送活動全体を通じて判断する」から個々の番組を取りあげて問題にする方向に巧みに解釈をズラしてきている点が注目された。高市氏は同日の記者会見でも「必要な場合、放送を所管する立場から対応を行う」と述べ、改めて電波停止を命じる可能性を示唆している。これらは、いずれも自由な報道活動に対するあからさまな〝威嚇〟であり、放送法第三条の「放送の自由と自律」に反する憲法違反の問題発言にほかならなかった。

こうしたなかで、テレビ各局は二〇一六年四月からの新年度編成を発表したが、テレビ朝日「報道ステーション」ではメインキャスターが古館伊知郎氏（本人の希望で降板）から局アナの富川悠太氏に、またTBS「NEWS23」ではアンカーが岸井成格氏から星浩氏（朝日新聞特別編集委員）に交代、またNHK「クローズアップ現代」は国谷裕子キャスターが三月いっぱいで降板、四月から月～木曜午後七時三〇分からの放送時間を午後一〇時に移して番組名も「クローズアップ現代＋（プラス）」に改めることが明らかにされた。岸井成格氏の場合、TBSと新たに同局専属のスペシャルコメンテーターとして契約を結び、看板番組「サンデー・モーニング」などで引き続きコメンテーターをつづけることになったものの、政府・自民党から標的にされた番組でレギュラー出演者がそろって降板したことは、あらためてテレビ関係者に不安を与えずにはいなかった。

高市総務相の「電波停止」発言やこれらの動きを受けて、二月二九日にはテレビの報道番組にレギュラー出演している田原総一朗、鳥越俊太郎、大谷昭宏、岸井成格、青木理《おさむ》、金平茂紀、田勢康弘《たせやすひろ》ら七人のジャーナリストが東京・千代田区のプレスセンターで記者会見をおこない、現状批判とメディア関係者への「奮起」を訴えた。

席上、テレビ朝日「モーニングショー」コメンテーターの青木理氏（元・共同通信記者）から在京放送局の報道現場から匿名で寄せられた数々の「訴え」が読み上げられた。「自粛の動きがある」「有形無形の圧力を感じる」「街頭録音を削り、デモの批判的な映像も自粛した。ニュース選択の段階で、なくなったニュース項目は山ほどある」「『中立』の基準が少しずつずれ、自由に意見が言えない雰囲気が充満している……」。

青木氏は「黙っていられない思いだ。このままではジャーナリズムが根腐れしかねない」と警鐘を鳴らし、TBS「報道特集」の金平茂紀キャスターは「今は特別に息苦しい時期だ。メディア、ジャーナリズムの内側に自主規制や萎縮がまん延している」と実情を訴えた。

さらにTBS「NEWS23」の岸井成格アンカーは「政治的公平性は権力が判断することではない。政府・権力の言うことを流せば、本当に公平性を欠き、知る権利を阻害する」と強調、またテレビ朝日「ザ・スクープ」コメンテーターの鳥越俊太郎氏からは「国民の負託を受けて政権をチェックするはずのメディアが逆に政権によってチェックされている」などの発言が相次いだ。テレビ朝日「朝まで生テレビ」司会者の最長老・田原氏が、声を上げない放送局の現状に強い危機感を表明していたのが、とりわけ印象的だった。

高市早苗総務相が放送法違反を理由に、電波法第七六条を根拠にして放送局へ「停波」を命じる可能性に言及したことについて、三月二日には憲法学者（山田健太・専修大学教授ほか）が都内で記者会見し、「政治的公平」などを定めた放送法第四条を根拠に処分をおこなうことは憲法違反にあたるとする見解を発表した。

このままでは〝放送の自由と自律〟を保障した放送法が逆に放送を縛る〝放送取り締まり法〟に変質しかねない。事態は戦後民主主義の危機を意味していた。

■取り崩される放送法の理念

放送法第四条を根拠にした政治介入や行政指導、さらに電波法第七六条を使っての「電波停止」発言など、それらを合理化する安倍政権の法解釈には、何ら道理がないことは明白だった。それは戦後放送法制の根幹を揺るがす、憲法原理への挑戦にほかならなかった。

なぜなら、戦後放送民主化の制度的総仕上げとして一九五〇年に制定され、現行放送法制のもとになった電波三法（電波法、放送法、電波監理委員会設置法）の最大の眼目は、〈放送の政府からの「独立」と「自律」〉であり、政府がその「独立」と「自律」の原則を侵して行政処分したり、放送に介入することは、憲法違反行為として絶対に許されない建て前になっているからである。

政府・自民党が、法的拘束力をもつ「実効規定」だと主張して行政処分の根拠にしている放送法第四条（「放送番組編集準則」）が、法的拘束力をもつ「法規定」ではありえず、憲法学者の多数意見が支持する放送事業者の「精神倫理規定」という位置づけ以外にありえないことは、次に紹介する放送法制定過程でのＧＨＱ法務局の条文撤回「勧告」に照らしても、疑う余地がない。

当時、放送法制定作業はＧＨＱ（連合国軍総司令部）の指導のもとで進められたが、一九四八年、芦田内閣が当初用意した放送法案（いわゆる第一次放送法案）の第四条には、「ニュース記事の放送については、左に掲げる原則に従わなければならない」として、「公安を害するものを含まないこと」と並んで「厳格に真実を守ること」「事実に基づき、且つ、完全に編集者の意見を含まないものであること」など現四条三項の「報道は事実をまげないですること」と同趣旨の規制条項がいくつも盛り込まれていた。

## ■「報道規制は違憲」と修正勧告

これに対してGHQ法務局は、「この条項は、憲法二一条に規定した表現の自由と全く相容れない」と条文の全面削除を求めたのである。現放送法制の骨格をつくるうえで一大エポックを画した歴史的な「勧告」だった。この「修正勧告」は、いま読み返しても極めて示唆に富んでいる。〈この条文〔第四条〕には、強く反対する。何故ならば、それは憲法第二一条に規定せられている「表現の自由の保障」と全く相容れないからである。現在書かれているままの第四条を適用するとすれば、……政府にその意志があれば、あらゆる種類の報道の真実あるいは批判を抑えることに、この条文を利用することができるであろう。この条文は、戦前の警察国家のもっていた思想統制機構を再現し、放送を権力の宣伝機関としてしまう恐れがある〉（内川芳美『マス・メディア法政策史研究』有斐閣、一九八九年、三五五〜三五六ページ）

つまり、放送法に「実効規定」として報道規制につながる条項を設けること自体が、憲法二一条に違反し、政府による放送への政治介入や報道規制に道を開くことになると全面削除を求めているのだ。この「修正勧告」を受け容れて、政府は問題条項を第四条から全面削除した。

こうした経過を踏まえて制定されたのが現・放送法なのである。憲法違反として一度、全面削除された「条項」が、憲法違反が明白なのに同じ〝実効法規定〟の形のままで、最終条文に盛り込まれるなどという道理が、あるはずがないのである。

この放送法条文では、GHQ法務局が「憲法違反」と批判した〝法規範〟としての第四条とはまったく異なった制度的位置づけで、「総則」とは別の「日本放送協会」の項目のなかの放送番組基準を定めた放送法第四四条に、放送事業者の「自律」を前提とした〝精神・倫理規定〟として、現行の四原則からなる「放送番組編集準則」が盛り込まれた。これこそが、「放送番組編集準則」の起源なのである。憲法二一条に抵触する「法規定」を避け、放送事業者の「精神・倫理規定」にしたところに立法時の工夫があったのだ。

注意を喚起したいのは、その「編集準則」に、GHQ法務局が「憲法違反」として批判し、撤回された項目とほぼ同一趣旨の「公安を害しないこと」（第一項）、「報道は事実をまげないであること」（第三項）と並んで、新たに「政治的に公平であること」（第二項）と「意見が対立している問題については、できるだけ多くの角度から論点を明らかにすること」（第四項）の二項目がつけ加えられたことである。

この四項目を放送事業者の〝精神・倫理規定〟として放送法に盛り込んだことの積極的意味は、

どこにあるのだろうか。

まず、この四項目が放送法第一条の掲げた放送の「目的」、つまり放送の公共的使命である「放送の不偏不党、真実及び自律を保障することによつて、放送による表現の自由を確保すること」「放送に携わる者の職責を明らかにすることによつて、放送が健全な民主主義の発達に資するようにすること」(放送法第一条)と、しっかり対応していることが、ここでは重要だ。

つまり「放送の自由」が放送事業者の恣意的な自由ではなく、放送のもつ公共的使命を実現するための放送の自由であり、自律なのだという視点に立って、その「放送の公共性」を、権力の介入を排除しつつ自律的に実現するための「規律の仕組み」として、放送法は「政府による規律」ではなく、放送事業者自身の精神・倫理規定という位置づけで「放送番組編集準則」を盛り込んだのである。

このなかに「意見が対立している問題については、できるだけ多くの角度から論点を明らかにすること」(第四項)が入っていることについても、注意を喚起したい。ここには、明らかにジャーナリズムの原点ともいうべき「言論・思想の自由市場」の思想が込められている。

放送の自由を単に「権力からの自由」という消極的権利のレベルでとらえるのではなく、放送を民主主義に奉仕するジャーナリズムとして、また多元的で多様な言論・情報が飛び交う開かれた「言論・思想の自由市場」として機能させていこうとする積極的な意図がうかがわれる。このような文言の条文が、法的規律を目的とした条文である道理がなく、放送事業者の精神・倫理規定以外のなにものでもないことは、だれが考えても明らかだろう。

電波法第七六条についても、この際、触れておこう。電波法第七六条の条文は、こう書かれている。

〈76条　総務大臣は、免許人等がこの法律、放送法若しくはこれらの法律に基づく命令又はこれらに基づく処分に違反したときは、三月以内の期間を定めて無線局の運用の停止を命じ、又は期間を定めて運用許容時間、周波数若しくは空中線電力を制限することができる。（以下略）〉

これは、憲法第二一条や放送法第三条に照らして、実に由々しい条文である。「放送法に違反した場合、総務大臣は免許人である放送事業者に対して電波の運用停止を命じることができる」という内容になっているからだ。

この条文には、もともと国会提出法案の段階で「放送法若しくは」の文言はなかった。「施設免許」を建前とする電波法の原則からすれば、放送内容とかかわらせて電波運用の行政処分をおこなうなど本来、ありえないことだからである。だが、国会で審議中に規制強化を目論む与党議員から議員提案の形で「放送法若しくは」の文言を追加すべきだと動議が出され、議論することなく、この言葉が書き加えられてしまったというのが真相なのだ。

だからこそ、「放送法違反」とからめて、この電波法第七六条を発動させた事例は、これまで一度もなかった。憲法違反に問われることが必至だからである。

こう見てくれれば、これらの条項を根拠にして行政指導や「電波停止」処分をおこなうことが、いかに筋違いで、憲法違反の行為であるかは明々白々と言っていい。

このことは、放送法案提出にあたって、綱島毅・電波監理長官が衆院電気通信委員会で、「政府は放送番組に対する検閲、監督等は一切行わない」と、こう明快に提案趣旨説明をしていることからも議論の余地がない。

「第一条に、放送による表現の自由を根本原則として掲げまして、政府は放送番組に対する検閲、監督等は一切行わないのでございます」（国会議事録から）。

問題は、「放送番組に対する検閲、監督等は一切行わない」はずの放送法のもとで、なぜ法の精神を空文化するような条文の恣意的解釈がおこなわれ、「法令違反」を口実にした放送への〝威嚇〟や「行政処分」などの政治介入が大手を振って罷《まか》り通っているのか、である。

最大の理由は、電波三法の要《かなめ》の存在だった電波監理委員会が、一九五二年の「独立」と同時に吉田茂内閣によって廃止されたことによる。以来、放送行政権が政府の手中に握られ、放送免許や放送法の解釈、運用に権力側が政治意図をからめて行使する道が開かれることになった。放送に対する政府の介入を排除するために放送行政を政府から切り離し、民間人からなる合議制の独立行政委員会が放送免許を含む行政、準司法、準立法の強大な権限をガラス張り（原則、議事録を全面公開）で行使するという電波監理委員会の民主的な仕組みが失われたことの代償の大きさは、日本の放送の歴史にとって、はかり知れない。

しかし、「放送番組編集準則」について言えば、長い間、「放送の自律」という建て前上、放送事業者の〝精神・倫理規定〟という本来の法的性格から簡単に〝実効規定（法規定）〟に解釈変更できなかった事実が、ここでは重要であろう。次の事実は、そのことを物語る。

■政府自体が「一つの目標」「精神規定」と明言

一九六四年一月、郵政省（現・総務省）は、当時、放送制度の見直し作業をおこなっていた「臨時放送関係法制調査会」（会長＝松方三郎氏、略称「臨放調」）に、その求めに応じて「放送関係法制に関する検討上の問題点とその分析」と題する文書を提出している。

そのなかで、「放送番組編集準則」について、こう見解を示しているのである。

「……法に規定されるべき放送番組編集上の遵守すべき事項は、ことばをかえていうならば、法が事業者に期待すべき放送番組編集上の準則は、現実問題としては、一つの目標であって、法の実際的効果としては多分に精神的規定の域を出ないものと考える。要は、事業者の自律にまつほかはない」と。

政府見解自体が「放送番組編集上の準則は、……一つの目標」であり、「多分に精神的規定の域を出ないもの」「要は、事業者の自律にまつほかはない」と述べている事実に注意を喚起したい。

一九七二年に広瀬正雄郵政相が国会で「番組の向上等は、放送業者の自粛か自覚によって改善する以外にないので、郵政省から行政指導をする考えは毛頭持っていない」と答弁しているのも、同様の事情による。郵政省をもってしても、「放送事業者の自律」を否定して、〝実効規定〟として強弁することはできなかったのだ。

政府が番組内容をめぐって「放送番組編集準則」を根拠に行政指導に踏み込むようになったのは、一九八〇年代以降のことである。その転換点になったのが、一九九三年に起きた椿・テレビ朝日報道局長による、いわゆる「椿発言事件」だった。当時、郵政省の江川放送行政局長は国会で「基本は放送事業者の自律だが、政治的公平かどうかの判断は最終的に郵政省がする」と大きく規制に向けて踏み込んだ。自民党の長期政権が続くなかで、権力に進んで迎合する官僚が出てきたことを示す一例である。

元総務省事務次官の金沢薫氏がその著書『放送法逐条解説』（情報通信振興会、二〇〇六年刊）のなかで、電波法第七六条について「放送法違反が明らかで、放送が公益を害し将来に向けて阻止する必要があり、さらに同様の事態を繰り返し再発防止の措置が十分でない場合に（電波を）停止できる」とする法解釈をとっているのも、そんな権力迎合型法解釈の典型といっていい。

そして、こうした権力に迎合した恣意的法解釈を足がかりに、規制強化の流れを飛躍的に加速したのが、安倍政権だったのである。

## ■電監委廃止から始まった介入の歴史

戦後の放送にとって最大の不幸は、電波三法の要の存在だった電波監理委員会が、一九五二年、もともと独立委員会制度に反対だった吉田茂内閣によって廃止（同年七月末）されてしまったことだったことは、すでに触れた。

その結果、電波・放送行政の強大な権限が政府の手中に握られ、そのことによって政府・与党が放送免許や放送法の恣意的解釈・運用などを通じて放送に介入し、またマスメディアを権力側に取り込んだりする道が開かれることになった（本書Ⅰ―1「UHFテレビ局大量免許とマスコミ対策」参照）。戦後の放送への政治介入の歴史は、すべて、ここから始まっているといっても過言ではない。

テレビ・ジャーナリズムの変質と企業経営の「情報産業」化が進み、マスメディアは総体として権力の操作のメカニズムに組み込まれていくことになるからである。

なぜ、安倍政権のもとでの「言論・表現の自由の危機」を論じるのに、過去に遡って考察したかと言えば、戦後積み重ねられてきた権力の介入や放送免許を通じての利益誘導、取り込みなどが、権力を監視する〝番犬〟としてのメディアのチェック機能を低下させ、そうしたメディアのありようが、今日の安倍政権の暴走を許すに至っているという歴史の教訓が、そこには込められているからである。

問われているのは、独立行政制度の廃止を簡単に許し、恣意的な免許行政のあり方や政府・与党の放送への干渉・介入を闘うことなく受け容れてきたメディアのあり方だという点が重要だ。

一連の安倍政権の暴走は、そうした権力 vs メディア vs 市民社会の歴史の頂点として立ち現れてきているという事実を見落としてはならない。

## 3　放送法の取り締まり法化を阻止

### ■ありえぬ〝報道規制〟の法規定

二〇一五年一一月、放送倫理・番組向上機構（ＢＰＯ）の放送倫理検証委員会がＮＨＫ「クローズアップ現代」のやらせ疑惑を巡って「（ＮＨＫに）重大な放送倫理違反があった」と意見書を公表。政府や自民党の「政治介入」に厳しく警告を発したことをきっかけに、政府・自民党の側から、放送法第四条の「放送番組編集準則」を「放送事業者のための倫理規定」（言論法学者の多数意見）ではなく「（法的実効性をもった）法規定」だとして、政府による「行政指導」や「政治介入」を積極的に合理化する動きが加速化している。

「単なる倫理規定ではなく法規であり、法規に違反しているのだから、担当官庁が法にのっとって対応するのは当然だ」。安倍晋三首相は一一月一〇日の衆院予算委員会で、高市早苗総務相が「クローズアップ現代」の問題で、ＮＨＫに「厳重注意」の行政指導をしたことの正当性を強調した。自民党情報通信戦略調査会がＮＨＫ幹部にヒアリングしたことについても、「ＮＨＫ予算を承認する責任がある国会議員が（放送が）事実を曲げているかどうかについて議論するのは至極当然」と答弁している。そのすべての法的根拠になっているのが「放送番組編集準則」（現・放送法第四条）なのである。

くり返し強調するが、「放送の自由と自律」（放送法第三条）に反する法規定を設けること自体が、憲法に抵触するとして法制定過程で全面削除された経緯を考えれば、「放送番組編集準則」が実効性を持った法規定として放送法に盛り込まれる道理は一〇〇パーセントありえないのである。

## ■安倍政権で〝解釈変更〟が加速

自民党は二〇一四年末の総選挙以来、街頭の声やゲストの発言回数まで事細かに政治的公平を求めた「要請」文書をテレビ局に送り付け、さらに放送番組に関して局幹部を呼びつけて事情聴取するなど、数々の報道干渉行為を重ねてきた。テレビ朝日「報道ステーション」の場合、コメンテーターが菅官房長官の名を挙げて「官邸の皆さんにはものすごいバッシングを受けた」と発言したのが、「虚偽の報道に当たり、放送法違反になる」というのだ。

根拠としているのは、いずれも放送法第四条の「放送番組編集準則」である。まさにGHQ法務局がかつて「修正勧告」で「警察国家の再現」「放送を権力の宣伝機関としてしまう恐れ」として厳しく警告した事態が、現に進行しつつある。

思い起こすのは、安倍政権によって選ばれた経営委員によってNHKトップの座に着いた籾井会長が就任三か月後の一四年四月末の理事会で放送法第四条の「政治的公平」規定をもとに、今後、放送では「個々の番組でも公平を期するよう」指示した事実である。「放送活動全体を通しての公平」という過去の政府見解を超えて、個々の番組ごとに機会的公平（両論併記）を求めれば、権力監視など、およそ不可能になる。ＥＴＶ特集などメッセージ性をもった調査報道番組やドキュメンタリー番組などは作りにくくなる。

その要求は、社会の争点となっている重要なテーマから、報道活動を遠ざける結果にもなりかねない。草の根から政府に法解釈の変更を迫り、自由な報道活動に「個々の番組ごとの政治的公平」という法的制約を課していこうという動きは、自由な放送ジャーナリズム活動に対して、まさに死を宣告するに等しい。

米カリフォルニア大学のエリス・クラウス教授は、かつてその著書『ＮＨＫ vs 日本政治』のなかで、政治からの放送の「自立」を完璧なまでに保障した放送法の枠組みがあるにもかかわらず、非合法な過程を通じて政治介入が堂々と罷《まか》り通っている日本の放送界の現状を、特異な現象として指摘している。

彼は書いている。日本のメディアは、権力を監視する本来の「番犬（Watch-Dogs）」ではなく、権力を支える「パートナー犬」ではないか、と。正鵠《せいこく》を射た、痛烈な批判といっていい。

放送の自由と自律は、権力に抗してでも、その自由と自律を守りぬいて民衆の「知る権利」と文化に責任を負おうとする放送の担い手たちの主体的な闘いがあってこそ貫ける。

民衆の「知る権利」のために闘って権力からの「独立」を守ってこその放送ジャーナリズムなのである。

そのために闘ってこなかった歴史の積み重ねこそが、今日の事態を招いているという冷厳な現実を、日本の放送事業者や放送の担い手たちは直視する必要がある。

今回、放送倫理・番組向上機構（ＢＰＯ）の「政治介入」への警告で際立ったのは、同機構の高い見識だった。だが、放送の自由と自律を守る闘いを、放送の第三者機関であるＢＰＯにだけ委ねていて果たしていいのかという問題は残る。

こうした流れを跳ね返し、民主主義社会にとって不可欠な「放送の自由と自律」を広範な国民とともにいかに守り抜いていくのか。当事者である放送事業者や放送の担い手たちの職能的責任こそが、いま改めて問われているのである。

## エピローグ――国連人権委員会ケイ教授の「勧告」にいかに答えるか

〈日本報道の独立性に「脅威」

国連報告者「政府の圧力、自己検閲生む」（二〇一六年四月二〇日付朝日新聞）〉

この日、主要各紙朝刊が報じたある記者会見の記事が、人々に強い衝撃を与えた。

記者会見の主は、国連人権理事会から「表現の自由」担当の特別報告者に任命されたデービッド・ケイ氏（米カリフォルニア大学教授）である。プロローグでも紹介したが、ケイ氏は表現の自由をめぐる日本の現状を調査するために来日し、政府職員や国会議員、報道機関関係者、NGO関係者らから精力的に聞き取り調査をおこなった。そして帰国に先立って東京・有楽町の外国特派員協会で記者会見をし、「日本の報道機関の独立性が深刻な脅威にさらされていることを憂慮する」と日本の表現の自由をめぐる危機的状況に警告を発する異例の声明を発表したのである。それが内外の注目を集めたのは当然だった。

ケイ氏は翌二〇一七年に再び来日し、改めて日本政府に対して、言論の自由の実態について警告し、放送行政に関する独立行政機関の設置を勧告した。これに対し、当時の安倍内閣は、この勧告はケイ教授の個人的なもので、国連人権委員会の正式勧告とは受け止められないとして、ケイ氏の勧告を事実上拒否した。実に姑息な対応としか言いようがない。しかし、放送行政に関する独立行政委員会ないし独立行政機構の設置は、今や世界の大勢となっており、主要国の中で、政府が放送行政の全権を握っているのはロシアと日本だけだという現実を否定することはできない。

かつて電波監理委員会という放送行政に関する行政・準立法・準司法の独立行政委員会を持っていた日本が、なぜこうした事態に立ち至っているのか。

理由は第一に、電波監理委員会の廃止（拙著『ドキュメント放送戦後史 I』に詳しく述べてある）を含めて、この問題について日本国民の間で十分に議論がおこなわれたことがなく、また第二にメディアの再編成に見られるように、本来国民とともに、政府に迫って独立行政機関を実現すべきメディア自体が、政府から便宜を供与され、独立行政推進の先頭に立てない状態であることが大きい。民主党の独立行政機構設立の構想が不発に終わった最大の原因もそこにあった。ではどうすればこの課題を実現できるのか。

一八世紀から一九世紀にかけて活躍したフランスの外交官で、歴史学者でもあったルネ・ドゥ・シャトーブリアンは、かつて「憲法があるから出版の自由があるのではない。出版の自由があるから憲法があるのだ」という言葉を残した。

すべての法律や制度は、民衆が言論の自由（「出版の自由」）を使って政府から勝ち取るものだという真理を伝えた名言である。現実を直視することから、すべてが始まる。日本の現実を変えるうえでも、このシャトーブリアンの言葉は、極めて重要である。このささやかな著作が、そうした闘いに多少でも貢献することを心から願ってやまない。

二〇二〇年一〇月

松田　浩

松田　浩（まつだ　ひろし）
1929～2020年（11月3日死去）
1953年東北大学経済学部卒業。日本経済新聞社入社、編集委員を経て、立命館大学教授、関東学院大学教授を歴任。メディア総合研究所研究員。
著書に『NHK――危機に立つ公共放送』（2014年、岩波新書）、『戦後史にみるテレビ放送中止事件』（共著、1994年、岩波ブックレット）、『ドキュメント放送戦後史Ⅰ・Ⅱ』（1980―81年、双柿舎、ⅠでJCJ奨励賞受賞）、『講座現代ジャーナリズム（3）――放送』（共編著、1973年、時事通信社）、『知られざる放送』（共同筆名・波野拓郎、1966年、現代書房、JCJ奨励賞受賞）など

メディア支配《しはい》――その歴史《れきし》と構造《こうぞう》

2021年 2 月25日　初　版

著　者　松　田　　浩
発行者　田　所　　稔

郵便番号　151-0051　東京都渋谷区千駄ヶ谷4-25-6
発行所　株式会社　新日本出版社
電話　03（3423）8402（営業）
03（3423）9323（編集）
info@shinnihon-net.co.jp
www.shinnihon-net.co.jp
振替番号　00130-0-13681

印刷　亨有堂印刷所　　製本　小泉製本

落丁・乱丁がありましたらおとりかえいたします。

ISBN978-4-406-06560-3 C0036　Printed in Japan